Saveurs Thaïlandaises
Un Voyage Culinaire en Terre de Siam

Élise Dubois

Table des matières

Crevettes sauce litchi *10*
Crevettes frites à la mandarine *11*
Crevettes au Mangetout *12*
Crevettes aux champignons chinois *13*
Crevettes et petits pois rôtis *14*
Crevettes au chutney de mangue *15*
Boulettes de crevettes frites avec sauce à l'oignon *17*
Crevettes mandarines aux petits pois *18*
Crevettes de Pékin *19*
Crevettes au poivre *20*
Crevettes sautées au porc *21*
Crevettes frites à la sauce au xérès *22*
Crevettes frites au sésame *23*
Crevettes brouillées dans leur carapace *24*
Crevettes frites *25*
Tempura de crevettes *26*
chewing-gum *27*
Crevettes au tofu *28*
Crevettes à la tomate *29*
Crevettes à la sauce tomate *30*
Crevettes à la sauce tomate et poivre *31*
Crevettes frites à la sauce tomate *32*
Crevettes aux légumes *33*
Crevettes aux châtaignes d'eau *34*
wontons aux crevettes *35*
Ormeau au poulet *36*
Ormeau aux asperges *38*
Ormeau aux champignons *39*
Ormeau à la sauce d'huître *40*
palourdes cuites à la vapeur *41*
Moules aux germes de soja *41*
Moules au gingembre et à l'ail *43*

prunes sautées 44
beignets de crabe 45
Crème de crabe 46
Chair de crabe aux feuilles chinoises 47
Crabe Foo Yung avec pousses de Soba 48
Crabe au gingembre 49
Lo Mein au crabe 50
Crabe sauté au porc 51
Chair de crabe sautée 52
Boulettes de calamars frits 53
Homard cantonais 54
homard frit 55
Homard cuit à la vapeur et au jambon 56
Homard aux champignons 57
Queues de homard au porc 58
homard sauté 59
bébé homard 61
Moules à la sauce aux haricots noirs 62
Moules au gingembre 63
Prunes cuites à la vapeur 64
huîtres frites 65
huîtres au bacon 66
Huîtres frites au gingembre 67
Huîtres à la sauce aux haricots noirs 68
Coquilles Saint-Jacques aux pousses de bambou 69
Coquilles Saint-Jacques aux œufs 70
Pétoncles au brocoli 71
Coquilles Saint-Jacques au gingembre 73
Coquilles Saint-Jacques au jambon 74
Oeufs brouillés aux herbes 75
Pétoncles et oignons sautés 76
Coquilles Saint-Jacques aux légumes 77
Coquilles Saint-Jacques au paprika 78
Calmar aux germes de soja 79
Calamar frit 80
paquets de calamars 81

Rouleaux de poulpe frits	*83*
Calamars sautés	*84*
Calamars aux champignons séchés	*85*
Calamars aux légumes	*86*
Viande anisée	*87*
Veau aux asperges	*88*
Steak aux pousses de bambou	*89*
Steak aux pousses de bambou et champignons	*90*
Boeuf frit chinois	*91*
Steak aux germes de soja	*92*
Steak au brocoli	*94*
Filet de sésame au brocoli	*95*
Steak grillé	*97*
boeuf cantonais	*98*
Veau à la carotte	*99*
Steak aux noix de cajou	*100*
Ragoût de bœuf à la mijoteuse	*101*
Steak au chou-fleur	*102*
Veau au céleri	*103*
Morceaux de rosbif au céleri	*104*
Bœuf effiloché au poulet et céleri	*105*
viande assaisonnée	*106*
Steak au chou chinois	*108*
Côtelette de bœuf Suey	*109*
Boeuf au concombre	*110*
chow mein au bœuf	*111*
steak de concombre	*114*
Curry de bœuf au four	*115*
ormeau mariné	*116*
Pousses de bambou cuites	*117*
poulet au concombre	*118*
poulet au sésame	*119*
Litchi au gingembre	*120*
Ailes de poulet rouges au four	*121*
Chair de crabe au concombre	*122*
le champignon mariné	*123*

Champignons à l'ail marinés *124*
Crevettes et chou-fleur *125*
Bâtonnets de jambon au sésame *126*
tofu froid *127*
Poulet au bacon *128*
Frites de poulet et banane *130*
Poulet au gingembre et champignons *131*
poulet et jambon *133*
Foie de poulet grillé *134*
Quenelles de crabe aux châtaignes d'eau *135*
dim sum *136*
Rouleaux de jambon et de poulet *137*
Empanadas au jambon au four *139*
Poisson pseudo-fumé *140*
Champignons farcis *142*
Champignons à la sauce d'huîtres *143*
Rouleaux de porc et salade *144*
Boulettes de porc et châtaignes *146*
boulettes de porc *147*
Boulettes de porc et de boeuf *148*
Crevette papillon *149*
Crevettes chinoises *150*
Craquelins aux crevettes *151*
Crevettes croustillantes *152*
Crevettes sauce gingembre *153*
Rouleaux de crevettes et nouilles *154*
Toasts aux crevettes *156*
Wontons de porc et crevettes avec sauce aigre-douce *157*
Soupe au poulet *159*
Soupe au porc et aux germes de soja *160*
Soupe d'ormeaux et de champignons *161*
Soupe au poulet et asperges *163*
Soupe de boeuf *164*
Soupe chinoise au bœuf et aux feuilles *165*
Soupe aux choux *166*
Soupe de boeuf épicée *167*

soupe céleste	169
Soupe au poulet et pousses de bambou	170
Soupe au poulet et au maïs	171
Soupe au poulet et au gingembre	172
Soupe chinoise au poulet et aux champignons	173
Soupe au poulet et riz	174
Soupe au poulet et à la noix de coco	175
Soupe de moules	176
soupe aux œufs	178
Soupe de crabe et pétoncles	179
soupe de crabe	181
Soupe de poisson	182
Soupe de poisson et salade	183
Soupe de gingembre aux boulettes de viande	185
soupe forte et aigre	186
Soupe aux champignons	187
Soupe aux champignons et aux choux	188
Soupe aux œufs et aux champignons	189
Soupe aux champignons et châtaignes d'eau	190
Soupe de porc et champignons	191
Soupe de porc et cresson	192
Soupe de porc et de concombre	193
Soupe aux boulettes de viande et nouilles	194
Soupe aux épinards et au tofu	195
Soupe de maïs sucré et crabe	196
Soupe sichuanaise	197
soupe au tofu	199
Soupe de tofu et poisson	200
Soupe à la tomate	201
Soupe de tomates et épinards	202
soupe de navet	203
Soupe aux légumes	204
soupe végétarienne	205
soupe de cresson	206
Poisson frit aux légumes	207
Poisson entier au four	209

Poisson de soja cuit *210*
Poisson de soja à la sauce d'huîtres *212*
bar cuit à la vapeur *214*
Poisson au four aux champignons *215*
poisson aigre-doux *217*
Poisson farci au porc *219*
Ragoût de carpe épicé *221*
Veau à la sauce d'huîtres *223*

Crevettes sauce litchi

pour 4 personnes

Tasse simple de 50 g/2 oz/¬Ω (tout usage)
farine
2,5 ml/¬Ω cuillère à café de sel
1 œuf légèrement battu
30 ml/2 cuillères à soupe d'eau
450 g de crevettes décortiquées
huile de friture
30 ml/2 cuillères à soupe d'huile d'arachide
2 tranches de racine de gingembre, hachées
30 ml/2 cuillères à soupe de vinaigre de vin
5 ml/1 cuillère à café de sucre
2,5 ml/¬Ω cuillère à café de sel
15 ml/1 cuillère à soupe de sauce soja
200 g de litchis en conserve égouttés

Battre la farine, le sel, les œufs et l'eau pour former une pâte en ajoutant un peu d'eau si nécessaire. Mélanger avec les crevettes jusqu'à ce qu'elles soient bien enrobées. Faites chauffer l'huile et faites frire les crevettes pendant quelques minutes jusqu'à ce qu'elles soient dorées et croustillantes. Égoutter sur du papier absorbant et déposer sur une assiette chaude. Pendant ce temps, faites chauffer l'huile et faites revenir le gingembre pendant 1 minute. Ajouter le vinaigre de vin, le sucre, le sel et la sauce soja. Ajouter le litchi et remuer jusqu'à ce qu'il soit chaud et enrobé de sauce. Versez sur les crevettes et servez immédiatement.

Crevettes frites à la mandarine

pour 4 personnes

60 ml / 4 cuillères à soupe d'huile d'arachide

1 gousse d'ail, écrasée

1 tranche de racine de gingembre, hachée

450 g de crevettes décortiquées

30 ml/2 cuillères à soupe de vin de riz ou de xérès sec 30 ml/2 cuillères à soupe de sauce soja

15 ml/1 cuillère à soupe de farine de maïs (amidon de maïs)

45 ml/3 cuillères à soupe d'eau

Faites chauffer l'huile et faites revenir l'ail et le gingembre jusqu'à ce qu'ils soient légèrement dorés. Ajouter les crevettes et faire revenir 1 minute. Ajouter le vin ou le xérès et bien mélanger. Ajouter la sauce soja, la farine de maïs et l'eau et faire sauter pendant 2 minutes.

Crevettes au Mangetout

pour 4 personnes

5 champignons chinois séchés
8 oz/225 g de germes de soja
60 ml / 4 cuillères à soupe d'huile d'arachide
5 ml/1 cuillère à soupe de sel
2 branches de céleri, hachées
4 oignons nouveaux (oignons verts), hachés
2 gousses d'ail, hachées finement
2 tranches de racine de gingembre, hachées
60 ml/4 cuillères à soupe d'eau
15 ml/1 cuillère à soupe de sauce soja
15 ml/1 cuillère à soupe de xérès sec ou de vin de riz
8 oz/225 g de petits pois
8 oz/225 g de crevettes décortiquées
15 ml/1 cuillère à soupe de farine de maïs (amidon de maïs)

Faites tremper les champignons dans l'eau tiède pendant 30 minutes, puis égouttez-les. Jetez les tiges et coupez le haut. Blanchir les germes de soja dans l'eau bouillante pendant 5 minutes et bien les égoutter. Faites chauffer la moitié de l'huile et faites revenir le sel, le céleri, les oignons et les germes de soja pendant 1 minute, puis retirez-les de la poêle. Faites chauffer le reste de l'huile et faites revenir l'ail et le gingembre jusqu'à ce qu'ils soient légèrement dorés. Ajouter la moitié de l'eau, la sauce soja, le vin ou le xérès, les petits pois et les crevettes, porter à ébullition et laisser mijoter 3 minutes. Mélangez la farine de maïs et le reste de l'eau pour obtenir une pâte, mélangez dans la poêle et faites cuire à feu doux en remuant jusqu'à ce que la sauce épaississe. Remettez les légumes dans la poêle et faites-les cuire jusqu'à ce qu'ils soient bien chauds. Sers immédiatement.

Crevettes aux champignons chinois

pour 4 personnes

8 champignons chinois séchés
45 ml/3 cuillères à soupe d'huile d'arachide
3 tranches de racine de gingembre, hachées

450 g de crevettes décortiquées
15 ml/1 cuillère à soupe de sauce soja
5 ml/1 cuillère à soupe de sel
60 ml/4 cuillères à soupe de bouillon de poisson

Faites tremper les champignons dans l'eau tiède pendant 30 minutes, puis égouttez-les. Jetez les tiges et coupez le haut. Faites chauffer la moitié de l'huile et faites revenir le gingembre jusqu'à ce qu'il soit légèrement doré. Ajouter les crevettes, la sauce soja et le sel et faire revenir jusqu'à ce qu'elles soient recouvertes d'huile, puis retirer de la poêle. Faites chauffer le reste de l'huile et faites revenir les champignons jusqu'à ce qu'ils soient recouverts d'huile. Ajouter le bouillon, porter à ébullition, couvrir et laisser mijoter 3 minutes. Remettez les crevettes dans la poêle et remuez jusqu'à ce qu'elles soient bien chaudes.

Crevettes et petits pois rôtis

pour 4 personnes

450 g de crevettes décortiquées
5 ml/1 cuillère à soupe d'huile de sésame
5 ml/1 cuillère à soupe de sel

30 ml/2 cuillères à soupe d'huile d'arachide
1 gousse d'ail, écrasée
1 tranche de racine de gingembre, hachée
8 oz/225 g de petits pois surgelés ou blanchis, décongelés
4 oignons nouveaux (oignons verts), hachés
30 ml/2 cuillères à soupe d'eau
sel et poivre

Mélangez les crevettes avec l'huile de sésame et le sel. Faites chauffer l'huile et faites revenir l'ail et le gingembre pendant 1 minute. Ajouter les crevettes et faire revenir 2 minutes. Ajouter les petits pois et faire revenir 1 minute. Ajoutez l'oignon nouveau et l'eau et assaisonnez avec du sel et du poivre et éventuellement un peu plus d'huile de sésame. Réchauffer en remuant doucement avant de servir.

Crevettes au chutney de mangue

pour 4 personnes
12 crevettes
sel et poivre
le jus d'1 citron

30 ml/2 cuillères à soupe de farine de maïs (amidon de maïs)
1 poignée
5 ml/1 cuillère à soupe de moutarde en poudre
5 ml/1 cuillère à soupe de miel
30 ml/2 cuillères à soupe de crème de coco
30 ml/2 cuillères à soupe de poudre de curry doux
120 ml/4 fl oz/¬Ω tasse de bouillon de poulet
45 ml/3 cuillères à soupe d'huile d'arachide
2 gousses d'ail, hachées finement
2 oignons nouveaux (oignons verts), hachés
1 oignon de fenouil, haché
100g de chutney de mangue

Épluchez les crevettes et laissez les queues intactes. Saupoudrer de sel, de poivre et de jus de citron, puis recouvrir de la moitié de la semoule de maïs. Épluchez la mangue, coupez la pulpe de l'os et coupez-la en dés. Incorporer la moutarde, le miel, la crème de coco, la poudre de curry, le reste de la semoule de maïs et le bouillon. Faites chauffer la moitié de l'huile et faites revenir l'ail, l'oignon et le fenouil pendant 2 minutes. Ajouter le mélange de bouillon, porter à ébullition et laisser mijoter 1 minute. Ajouter les cubes de mangue et la sauce piquante et chauffer doucement, puis transférer dans une assiette chaude. Faites chauffer le reste de l'huile et faites revenir les crevettes pendant 2 minutes. Ajoutez les légumes et servez aussitôt.

Boulettes de crevettes frites avec sauce à l'oignon

pour 4 personnes

3 œufs légèrement battus

45 ml/3 cuillères à soupe de farine nature (tout usage)

sel et poivre fraîchement moulu

450 g de crevettes décortiquées

huile de friture

15 ml/1 cuillère à soupe d'huile d'arachide

2 oignons, hachés

15 ml/1 cuillère à soupe de farine de maïs (amidon de maïs)

30 ml/2 cuillères à soupe de sauce soja

175 ml/6 fl oz/¬une tasse d'eau

Mélangez les œufs, la farine, le sel et le poivre. Versez les crevettes dans la pâte. Faites chauffer l'huile et faites frire les crevettes jusqu'à ce qu'elles soient dorées. Pendant ce temps, faites chauffer l'huile et faites revenir l'oignon pendant 1 minute. Mélangez le reste des ingrédients pour obtenir une pâte, ajoutez l'oignon et faites cuire en remuant jusqu'à ce que la sauce épaississe. Égoutter les crevettes et les déposer sur une assiette chaude. Versez dessus la sauce et servez aussitôt.

Crevettes mandarines aux petits pois

pour 4 personnes

60 ml / 4 cuillères à soupe d'huile d'arachide
1 gousse d'ail, hachée finement
1 tranche de racine de gingembre, hachée
450 g de crevettes décortiquées
30 ml/2 cuillères à soupe de vin de riz ou de xérès sec
8 oz/225 g de petits pois surgelés, décongelés
30 ml/2 cuillères à soupe de sauce soja
15 ml/1 cuillère à soupe de farine de maïs (amidon de maïs)
45 ml/3 cuillères à soupe d'eau

Faites chauffer l'huile et faites revenir l'ail et le gingembre jusqu'à ce qu'ils soient légèrement dorés. Ajouter les crevettes et faire revenir 1 minute. Ajouter le vin ou le xérès et bien mélanger. Ajouter les petits pois et faire revenir 5 minutes. Ajoutez le reste des ingrédients et faites revenir 2 minutes.

Crevettes de Pékin

pour 4 personnes

30 ml/2 cuillères à soupe d'huile d'arachide
2 gousses d'ail, hachées finement
1 tranche de racine de gingembre, hachée finement
8 oz/225 g de crevettes décortiquées
4 oignons nouveaux (oignons verts), tranchés épaissement
120 ml/4 fl oz/¬Ω tasse de bouillon de poulet
5 ml/1 cuillère à café de cassonade
5 ml/1 cuillère à soupe de sauce soja
5 ml/1 cuillère à soupe de sauce hoisin
5 ml/1 cuillère à soupe de sauce tabasco

Faites chauffer l'huile avec l'ail et le gingembre et faites-les revenir jusqu'à ce que l'ail soit légèrement doré. Ajouter les crevettes et faire revenir 1 minute. Ajouter la ciboulette et faire revenir 1 minute. Ajouter le reste des ingrédients, porter à ébullition, couvrir et laisser mijoter 4 minutes en remuant de temps en temps. Vérifiez l'assaisonnement et ajoutez un peu plus de sauce Tabasco si vous préférez.

Crevettes au poivre

pour 4 personnes

30 ml/2 cuillères à soupe d'huile d'arachide

1 poivron vert, coupé en morceaux

450 g de crevettes décortiquées

10 ml / 2 cuillères à café de farine de maïs (amidon de maïs)

60 ml/4 cuillères à soupe d'eau

5 ml/1 cuillère à soupe de vin de riz ou de xérès sec

2,5 ml/¬Ω cuillère à café de sel

45 ml/2 cuillères à soupe de purée de tomates (pâte)

Faites chauffer l'huile et faites revenir le poivron pendant 2 minutes. Ajouter les crevettes et la purée de tomates et bien mélanger. Mélangez l'eau de maïs, le vin ou le xérès et le sel dans une pâte, mélangez dans la casserole et faites cuire à feu doux en remuant jusqu'à ce que la sauce soit claire et épaisse.

Crevettes sautées au porc

pour 4 personnes

8 oz/225 g de crevettes décortiquées
4 oz/100 g de porc maigre, râpé
60 ml/4 cuillères à soupe de vin de riz ou de xérès sec
1 blanc d'oeuf
45 ml/3 cuillères à soupe de farine de maïs (amidon de maïs)
5 ml/1 cuillère à soupe de sel
15 ml/1 cuillère à soupe d'eau (facultatif)
90 ml/6 cuillères à soupe d'huile d'arachide
45 ml/3 cuillères à soupe de bouillon de poisson
5 ml/1 cuillère à soupe d'huile de sésame

Placer les crevettes et le porc dans des bols séparés. Mélangez 3 cuillères à soupe/45 ml de vin ou de xérès, du blanc d'œuf, 2 cuillères à soupe/30 ml de maïzena et du sel dans une pâte lâche, en ajoutant de l'eau si nécessaire. Répartissez le mélange entre le porc et les crevettes et retournez-le bien pour qu'il soit uniforme. Faites chauffer l'huile et faites revenir le porc et les crevettes pendant quelques minutes jusqu'à ce qu'ils soient dorés. Retirer de la poêle et jeter tout sauf 15 ml/1 cuillère à soupe d'huile. Ajoutez le bouillon dans la casserole avec le reste du vin ou du xérès et la semoule de maïs. Porter à ébullition et laisser mijoter en remuant jusqu'à ce que la sauce épaississe. Verser sur les crevettes et le porc et servir arrosé d'huile de sésame.

Crevettes frites à la sauce au xérès

pour 4 personnes

50 g/2 oz/¬Ω tasse de farine nature (tout usage)

2,5 ml/¬Ω cuillère à café de sel

1 œuf légèrement battu

30 ml/2 cuillères à soupe d'eau

450 g de crevettes décortiquées

huile de friture

15 ml/1 cuillère à soupe d'huile d'arachide

1 oignon, finement haché

45 ml/3 cuillères à soupe de vin de riz ou de xérès sec

15 ml/1 cuillère à soupe de sauce soja

120 ml/4 fl oz/¬Ω tasse de bouillon de poisson

10 ml / 2 cuillères à café de farine de maïs (amidon de maïs)

30 ml/2 cuillères à soupe d'eau

Battre la farine, le sel, les œufs et l'eau pour former une pâte en ajoutant un peu d'eau si nécessaire. Mélanger avec les crevettes jusqu'à ce qu'elles soient bien enrobées. Faites chauffer l'huile et faites frire les crevettes pendant quelques minutes jusqu'à ce qu'elles soient dorées et croustillantes. Égoutter sur du papier absorbant et placer au chaud. Pendant ce temps, faites chauffer l'huile et faites revenir l'oignon jusqu'à ce qu'il soit tendre. Ajouter le vin ou le xérès, la sauce soja et le bouillon, porter à ébullition et laisser mijoter 4 minutes. Mélangez la farine de maïs et l'eau pour obtenir une pâte, mélangez la casserole et faites cuire à feu doux en remuant jusqu'à ce que la sauce soit claire et épaisse. Versez la sauce sur les crevettes et servez.

Crevettes frites au sésame

pour 4 personnes
450 g de crevettes décortiquées
¬Ω blanc d'oeuf
5 ml/1 cuillère à soupe de sauce soja
5 ml/1 cuillère à soupe d'huile de sésame
50 g/2 oz/¬Ω tasse de semoule de maïs (amidon de maïs)
sel et poivre blanc fraîchement moulu
huile de friture

60 ml/4 cuillères à soupe de graines de sésame
Feuilles de laitue

Mélangez les crevettes avec le blanc d'œuf, la sauce soja, l'huile de sésame, la fécule de maïs, le sel et le poivre. Ajoutez un peu d'eau si le mélange est trop épais. Faites chauffer l'huile et faites revenir les crevettes pendant quelques minutes jusqu'à ce qu'elles soient légèrement dorées. Pendant ce temps, faites griller brièvement les graines de sésame dans une poêle sèche jusqu'à ce qu'elles soient dorées. Égouttez les crevettes et mélangez-les avec les graines de sésame. Servir sur un lit de laitue.

Crevettes brouillées dans leur carapace

pour 4 personnes

60 ml / 4 cuillères à soupe d'huile d'arachide
750 g/1¬Ω lb de crevettes en carapace
3 oignons nouveaux (oignons verts), hachés
3 tranches de racine de gingembre, hachées
2,5 ml/¬Ω cuillère à café de sel
15 ml/1 cuillère à soupe de xérès sec ou de vin de riz
120 ml/4 fl oz/¬Ω tasse de sauce tomate (ketchup)

15 ml/1 cuillère à soupe de sauce soja

15 ml/1 cuillère à soupe de sucre

15 ml/1 cuillère à soupe de farine de maïs (amidon de maïs)

60 ml/4 cuillères à soupe d'eau

Faites chauffer l'huile et faites frire les crevettes pendant 1 minute si elles sont cuites ou jusqu'à ce qu'elles soient roses si elles ne sont pas cuites. Ajoutez l'oignon, le gingembre, le sel et le vin ou le xérès et faites revenir pendant 1 minute. Ajoutez la sauce tomate, la sauce soja et le sucre et faites revenir 1 minute. Mélangez la farine de maïs et l'eau, mélangez dans la casserole et faites cuire à feu doux en remuant jusqu'à ce que la sauce devienne légère et épaisse.

Crevettes frites

pour 4 personnes

75 g/3 oz/¬° tasse de semoule de maïs (maïzena)

1 blanc d'oeuf

5 ml/1 cuillère à soupe de vin de riz ou de xérès sec

Sal

350 g de crevettes décortiquées

huile de friture

Fouettez la semoule de maïs, les blancs d'œufs, le vin ou le xérès et une pincée de sel pour obtenir une pâte épaisse. Trempez les crevettes dans la pâte jusqu'à ce qu'elles soient bien enrobées. Nous chauffons l'huile à température modérée et faisons frire les crevettes pendant quelques minutes jusqu'à ce qu'elles soient dorées. Retirer de l'huile, réchauffer jusqu'à ce qu'ils soient chauds, puis faire revenir les crevettes jusqu'à ce qu'elles soient croustillantes et dorées.

Tempura de crevettes

pour 4 personnes
450 g de crevettes décortiquées
30 ml/2 cuillères à soupe de farine nature (tout usage)
30 ml/2 cuillères à soupe de farine de maïs (amidon de maïs)
30 ml/2 cuillères à soupe d'eau
2 oeufs battus
huile de friture

Coupez les crevettes au centre de la courbe intérieure et ouvrez-les en papillon. Mélangez la farine, la semoule de maïs et l'eau dans une pâte et ajoutez les œufs. Faites chauffer l'huile et faites frire les crevettes jusqu'à ce qu'elles soient dorées.

chewing-gum

pour 4 personnes

30 ml/2 cuillères à soupe d'huile d'arachide
2 oignons nouveaux (oignons verts), hachés
1 gousse d'ail, écrasée
1 tranche de racine de gingembre, hachée
100 g de poitrine de poulet coupée en lanières
100 g de jambon coupé en lanières
100 g de pousses de bambou, coupées en lanières
100 g de châtaignes d'eau coupées en lamelles
8 oz/225 g de crevettes décortiquées
30 ml/2 cuillères à soupe de sauce soja
30 ml/2 cuillères à soupe de vin de riz ou de xérès sec
5 ml/1 cuillère à soupe de sel
5 ml/1 cuillère à café de sucre
5 ml/1 cuillère à café de farine de maïs (amidon de maïs)

Faites chauffer l'huile et faites revenir l'oignon, l'ail et le gingembre jusqu'à ce qu'ils soient légèrement dorés. Ajoutez le poulet et faites revenir 1 minute. Ajoutez le jambon, les pousses de bambou et les châtaignes d'eau et faites revenir 3 minutes. Ajouter les crevettes et faire revenir 1 minute. Ajoutez la sauce soja, le vin ou le xérès, le sel et le sucre et faites revenir 2 minutes. Mélangez la semoule de maïs avec un peu d'eau, mélangez-la dans la casserole et faites cuire à feu doux en remuant pendant 2 minutes.

Crevettes au tofu

pour 4 personnes

45 ml/3 cuillères à soupe d'huile d'arachide
8 oz/225 g de tofu, coupé en dés
1 oignon (oignon), haché
1 gousse d'ail, écrasée
15 ml/1 cuillère à soupe de sauce soja
5 ml/1 cuillère à café de sucre
90 ml/6 cuillères à soupe de bouillon de poisson
8 oz/225 g de crevettes décortiquées
15 ml/1 cuillère à soupe de farine de maïs (amidon de maïs)
45 ml/3 cuillères à soupe d'eau

Faites chauffer la moitié de l'huile et faites frire le tofu jusqu'à ce qu'il soit légèrement doré, puis retirez-le de la poêle. Faites chauffer le reste de l'huile et faites revenir l'oignon et l'ail jusqu'à ce qu'ils soient légèrement dorés. Ajoutez la sauce soja, le sucre et le bouillon et laissez bouillir. Ajoutez les crevettes et remuez à feu doux pendant 3 minutes. Mélangez la farine de maïs et l'eau pour obtenir une pâte, mélangez dans la casserole et faites cuire à feu doux en remuant jusqu'à ce que la sauce épaississe. Remettez le tofu dans la poêle et faites-le cuire jusqu'à ce qu'il soit bien chaud.

Crevettes à la tomate

pour 4 personnes
2 blancs d'œufs
30 ml/2 cuillères à soupe de farine de maïs (amidon de maïs)
5 ml/1 cuillère à soupe de sel
450 g de crevettes décortiquées
huile de friture
30 ml/2 cuillères à soupe de vin de riz ou de xérès sec
8 oz/225 g de tomates pelées, épépinées et hachées

Mélangez le blanc d'œuf, la farine de maïs et le sel. Ajouter les crevettes jusqu'à ce qu'elles soient bien enrobées. Faites chauffer l'huile et faites frire les crevettes jusqu'à ce qu'elles soient cuites. Retirez tout sauf 15 ml/1 cuillère à soupe d'huile et réchauffez. Ajoutez le vin ou le xérès et les tomates et laissez bouillir. Ajouter les crevettes et réchauffer rapidement avant de servir.

Crevettes à la sauce tomate

pour 4 personnes

30 ml/2 cuillères à soupe d'huile d'arachide

1 gousse d'ail, écrasée

2 tranches de racine de gingembre, hachées

2,5 ml/¬Ω cuillère à café de sel

15 ml/1 cuillère à soupe de xérès sec ou de vin de riz

15 ml/1 cuillère à soupe de sauce soja

6 ml/4 cuillères à soupe de sauce tomate (ketchup)

120 ml/4 fl oz/¬Ω tasse de bouillon de poisson

350 g de crevettes décortiquées

10 ml / 2 cuillères à café de farine de maïs (amidon de maïs)

30 ml/2 cuillères à soupe d'eau

Faites chauffer l'huile et faites revenir l'ail, le gingembre et le sel pendant 2 minutes. Ajouter le vin ou le xérès, la sauce soja, le ketchup et le bouillon et porter à ébullition. Ajoutez les crevettes, couvrez et laissez cuire 2 minutes. Mélangez la farine de maïs et l'eau pour obtenir une pâte, mettez-la dans la casserole et faites cuire à feu doux en remuant jusqu'à ce que la sauce soit claire et épaisse.

Crevettes à la sauce tomate et poivre

pour 4 personnes

60 ml / 4 cuillères à soupe d'huile d'arachide
15 ml/1 cuillère à soupe de gingembre finement haché
15 ml/1 cuillère à soupe d'ail finement haché
15 ml/1 cuillère à soupe d'oignon haché
60 ml/4 cuillères à soupe de purée de tomates (pâte)
15 ml/1 cuillère à soupe de sauce piquante
450 g de crevettes décortiquées
15 ml/1 cuillère à soupe de farine de maïs (amidon de maïs)
15 ml/1 cuillère à soupe d'eau

Faites chauffer l'huile et faites revenir le gingembre, l'ail et les oignons pendant 1 minute. Ajouter la purée de tomates et la sauce piquante et bien mélanger. Ajouter les crevettes et faire revenir 2 minutes. Mélangez la farine de maïs et l'eau pour obtenir une pâte, mettez-la dans la casserole et laissez cuire jusqu'à ce que la sauce épaississe. Sers immédiatement.

Crevettes frites à la sauce tomate

pour 4 personnes

50 g/2 oz/¬Ω tasse de farine nature (tout usage)
2,5 ml/¬Ω cuillère à café de sel
1 œuf légèrement battu
30 ml/2 cuillères à soupe d'eau
450 g de crevettes décortiquées
huile de friture
30 ml/2 cuillères à soupe d'huile d'arachide
1 oignon, finement haché
2 tranches de racine de gingembre, hachées
75 ml/5 cuillères à soupe de sauce tomate (ketchup)
10 ml / 2 cuillères à café de farine de maïs (amidon de maïs)
30 ml/2 cuillères à soupe d'eau

Battre la farine, le sel, les œufs et l'eau pour former une pâte en ajoutant un peu d'eau si nécessaire. Mélanger avec les crevettes jusqu'à ce qu'elles soient bien enrobées. Faites chauffer l'huile et faites frire les crevettes pendant quelques minutes jusqu'à ce qu'elles soient dorées et croustillantes. Égoutter sur du papier absorbant.

Pendant ce temps, faites chauffer l'huile et faites revenir l'oignon et le gingembre jusqu'à ce qu'ils soient tendres. Ajouter la sauce tomate et cuire 3 minutes. Mélangez la farine de maïs et l'eau pour obtenir une pâte, mélangez dans la casserole et faites cuire à feu doux en remuant jusqu'à ce que la sauce épaississe. Ajoutez les crevettes dans la poêle et faites-les revenir à feu doux jusqu'à ce qu'elles soient bien chaudes. Sers immédiatement.

Crevettes aux légumes

pour 4 personnes
15 ml/1 cuillère à soupe d'huile d'arachide
8 oz/225 g de fleurons de brocoli

8 oz/225 g de champignons

8 oz/225 g de pousses de bambou, tranchées

450 g de crevettes décortiquées

120 ml/4 fl oz/¬Ω tasse de bouillon de poulet

5 ml/1 cuillère à café de farine de maïs (amidon de maïs)

5 ml/1 cuillère à soupe de sauce aux huîtres

2,5 ml/¬Ω cuillère à café de sucre

2,5 ml/¬Ω cuillère à café de racine de gingembre râpée

une pincée de poivre fraîchement moulu

Faites chauffer l'huile et faites revenir le brocoli pendant 1 minute. Ajoutez les champignons et les pousses de bambou et faites revenir 2 minutes. Ajouter les crevettes et faire revenir 2 minutes. Mélanger le reste des ingrédients et incorporer au mélange de crevettes. Porter à ébullition en remuant et cuire 1 minute en remuant constamment.

Crevettes aux châtaignes d'eau

pour 4 personnes

60 ml / 4 cuillères à soupe d'huile d'arachide
1 gousse d'ail, hachée finement
1 tranche de racine de gingembre, hachée
450 g de crevettes décortiquées
30 ml/2 cuillères à soupe de vin de riz ou de xérès sec 225 g/8 oz de châtaignes d'eau tranchées
30 ml/2 cuillères à soupe de sauce soja
15 ml/1 cuillère à soupe de farine de maïs (amidon de maïs)
45 ml/3 cuillères à soupe d'eau

Faites chauffer l'huile et faites revenir l'ail et le gingembre jusqu'à ce qu'ils soient légèrement dorés. Ajouter les crevettes et faire revenir 1 minute. Ajouter le vin ou le xérès et bien mélanger. Ajoutez les châtaignes d'eau et faites revenir 5 minutes. Ajoutez le reste des ingrédients et faites revenir 2 minutes.

wontons aux crevettes

pour 4 personnes

450 g de crevettes, décortiquées et coupées en dés

225 g de légumes mélangés, hachés

15 ml/1 cuillère à soupe de sauce soja

2,5 ml/½ cuillère à café de sel

quelques gouttes d'huile de sésame

40 peaux de wonton

huile de friture

Mélanger les crevettes, les légumes, la sauce soja, le sel et l'huile de sésame.

Pour plier les wontons, tenez la peau avec votre paume gauche et versez un peu de garniture au milieu. Badigeonnez les bords d'œuf et pliez la peau en triangle, en scellant les bords. Humidifiez les coins avec l'œuf et retournez-les.

Faites chauffer l'huile et faites frire les wontons quelques-uns à la fois jusqu'à ce qu'ils soient dorés. Bien égoutter avant de servir.

Ormeau au poulet

pour 4 personnes

Boîte de 400 g/14 oz d'ormeau

30 ml/2 cuillères à soupe d'huile d'arachide

100 g de poitrine de poulet, coupée en dés

100 g de pousses de bambou, tranchées

250 ml/8 fl oz/1 tasse de bouillon de poisson

15 ml/1 cuillère à soupe de xérès sec ou de vin de riz

5 ml/1 cuillère à café de sucre

2,5 ml/¬Ω cuillère à café de sel

15 ml/1 cuillère à soupe de farine de maïs (amidon de maïs)

45 ml/3 cuillères à soupe d'eau

Égoutter et couper les ormeaux en réservant le jus. Faites chauffer l'huile et faites frire le poulet jusqu'à ce qu'il prenne une couleur claire. Ajoutez les ormeaux et les pousses de bambou et faites revenir 1 minute. Ajouter le bouillon d'ormeau, le bouillon, le vin ou le xérès, le sucre et le sel, porter à ébullition et laisser mijoter 2 minutes. Mélangez la farine de maïs et l'eau pour obtenir une pâte et faites cuire à feu doux en remuant jusqu'à ce que la sauce soit claire et épaisse. Sers immédiatement.

Ormeau aux asperges

pour 4 personnes

10 champignons chinois séchés
30 ml/2 cuillères à soupe d'huile d'arachide
15 ml/1 cuillère à soupe d'eau
8 oz/225 g d'asperges
2,5 ml/½ cuillère à café de sauce de poisson
15 ml/1 cuillère à soupe de farine de maïs (amidon de maïs)
Boîte de 8 oz/225 g d'ormeau tranché
60 ml/4 cuillères à soupe de bouillon
½ petite carotte, coupée en tranches
5 ml/1 cuillère à soupe de sauce soja
5 ml/1 cuillère à soupe de sauce aux huîtres
5 ml/1 cuillère à soupe de vin de riz ou de xérès sec

Faites tremper les champignons dans l'eau tiède pendant 30 minutes, puis égouttez-les. Jetez les tiges. Faites chauffer 15 ml/1 cuillère à soupe d'huile avec l'eau et faites revenir les champignons pendant 10 minutes. Pendant ce temps, faites cuire les asperges dans de l'eau bouillante avec la sauce de poisson et 1 cuillère à soupe/5 ml de semoule de maïs jusqu'à ce qu'elles soient tendres. Bien égoutter et déposer sur une assiette chaude avec les champignons. Gardez-les au chaud. Faites chauffer le reste de l'huile et faites revenir les ormeaux pendant quelques secondes, puis ajoutez le bouillon, la carotte, la sauce soja, la sauce aux huîtres, le vin ou le xérès et le reste de la semoule de maïs. Cuire environ 5 minutes jusqu'à ce qu'il soit cuit, puis verser sur les asperges et servir.

Ormeau aux champignons

pour 4 personnes

6 champignons chinois séchés
Boîte de 400 g/14 oz d'ormeau
45 ml/3 cuillères à soupe d'huile d'arachide
2,5 ml/¬Ω cuillère à café de sel
15 ml/1 cuillère à soupe de xérès sec ou de vin de riz
3 oignons nouveaux (oignons verts), tranchés épaissement

Faites tremper les champignons dans l'eau tiède pendant 30 minutes, puis égouttez-les. Jetez les tiges et coupez le haut. Égoutter et couper les ormeaux en réservant le jus. Faites chauffer l'huile et faites revenir le sel et les champignons pendant

2 minutes. Ajouter le bouillon d'ormeau et le sherry, porter à ébullition, couvrir et laisser mijoter 3 minutes. Ajouter l'ormeau et l'oignon et cuire jusqu'à ce qu'ils soient bien chauds. Sers immédiatement.

Ormeau à la sauce d'huître

pour 4 personnes

Boîte de 400 g/14 oz d'ormeau
15 ml/1 cuillère à soupe de farine de maïs (amidon de maïs)
15 ml/1 cuillère à soupe de sauce soja
45 ml/3 cuillères à soupe de sauce aux huîtres
30 ml/2 cuillères à soupe d'huile d'arachide
50 g de jambon fumé haché

Égoutter la boîte d'ormeau en réservant 6 cuillères à soupe/90 ml de liquide. Mélangez-le avec de la semoule de maïs, de la sauce soja et de la sauce aux huîtres. Faites chauffer l'huile et faites revenir les ormeaux égouttés pendant 1 minute. Ajouter le mélange de sauce et cuire à feu doux, en remuant, pendant environ 1 minute jusqu'à ce que le tout soit bien chaud. Transférer dans une assiette chaude et servir garni de jambon.

palourdes cuites à la vapeur

pour 4 personnes

24 prunes

On frotte bien les palourdes puis on les trempe dans de l'eau salée pendant quelques heures. Rincer sous l'eau courante et déposer dans un plat peu profond. Placer sur une grille dans un cuiseur vapeur, couvrir et cuire à la vapeur sur de l'eau bouillante pendant environ 10 minutes, jusqu'à ce que toutes les palourdes soient ouvertes. Jetez ceux qui restent fermés. Servir avec des sauces.

Moules aux germes de soja

pour 4 personnes

24 prunes

15 ml/1 cuillère à soupe d'huile d'arachide

150 g de germes de soja

1 poivron vert, coupé en lanières

2 oignons nouveaux (oignons verts), hachés

15 ml/1 cuillère à soupe de xérès sec ou de vin de riz

sel et poivre fraîchement moulu

2,5 ml/¬Ω cuillère à café d'huile de sésame

50 g de jambon fumé haché

On frotte bien les palourdes puis on les trempe dans de l'eau salée pendant quelques heures. Rincer sous l'eau courante. Faites bouillir de l'eau dans une casserole, ajoutez les moules et laissez cuire quelques minutes jusqu'à ce qu'elles s'ouvrent. Videz et jetez ceux qui restent fermés. Retirez les palourdes des coquilles.

Faites chauffer l'huile et faites revenir les germes de soja pendant 1 minute. Ajouter le paprika et l'oignon et faire revenir 2 minutes. Ajoutez du vin ou du xérès et assaisonnez de sel et de poivre. Faites bien chauffer, puis ajoutez les palourdes et remuez jusqu'à ce qu'elles soient bien mélangées et chaudes. Transférer dans une assiette chaude et servir saupoudré d'huile de sésame et de jambon.

Moules au gingembre et à l'ail

pour 4 personnes

24 prunes

15 ml/1 cuillère à soupe d'huile d'arachide

2 tranches de racine de gingembre, hachées

2 gousses d'ail, hachées finement

15 ml/1 cuillère à soupe d'eau

5 ml/1 cuillère à soupe d'huile de sésame

sel et poivre fraîchement moulu

On frotte bien les palourdes puis on les trempe dans de l'eau salée pendant quelques heures. Rincer sous l'eau courante. Faites chauffer l'huile et faites revenir le gingembre et l'ail pendant 30 secondes. Ajouter les moules, l'eau et l'huile de sésame, couvrir et laisser cuire env. 5 minutes jusqu'à ce que les palourdes s'ouvrent. Jetez ceux qui restent fermés. Assaisonner légèrement de sel et de poivre et servir immédiatement.

prunes sautées

pour 4 personnes

24 prunes

60 ml / 4 cuillères à soupe d'huile d'arachide

4 gousses d'ail, hachées finement

1 oignon haché

2,5 ml/¬Ω cuillère à café de sel

On frotte bien les palourdes puis on les trempe dans de l'eau salée pendant quelques heures. Rincer à l'eau courante puis sécher. Faites chauffer l'huile et faites revenir l'ail, l'oignon et le sel jusqu'à ce qu'ils soient tendres. Ajouter les palourdes, couvrir et cuire environ 5 minutes jusqu'à ce que toutes les coquilles soient ouvertes. Jetez ceux qui restent fermés. Faire revenir doucement encore 1 minute, arroser d'huile.

beignets de crabe

pour 4 personnes

8 oz/225 g de germes de soja
60 ml/4 cuillères à soupe d'huile d'arachide 100 g/4 oz de pousses de bambou coupées en lanières
1 oignon haché
8 oz/225 g de chair de crabe, émiettée
4 œufs légèrement battus
15 ml/1 cuillère à soupe de farine de maïs (amidon de maïs)
30 ml/2 cuillères à soupe de sauce soja
sel et poivre fraîchement moulu

Blanchir les germes de soja dans l'eau bouillante pendant 4 minutes, puis égoutter. Faites chauffer la moitié de l'huile et faites revenir les pousses de soba, les pousses de bambou et les oignons jusqu'à ce qu'ils soient tendres. Retirer du feu et incorporer le reste des ingrédients, sauf l'huile. Faites chauffer le reste de l'huile dans une poêle propre et faites frire des cuillères à soupe du mélange de chair de crabe pour faire des petits gâteaux. Cuire jusqu'à ce qu'ils soient légèrement dorés des deux côtés et servir immédiatement.

Crème de crabe

pour 4 personnes
8 oz/225 g de chair de crabe
5 oeufs battus
1 oignon (oignon), finement haché
250 ml/8 fl oz/1 tasse d'eau
5 ml/1 cuillère à soupe de sel
5 ml/1 cuillère à soupe d'huile de sésame

Mélangez bien tous les ingrédients. Placer dans un bol, couvrir et placer au bain-marie sur de l'eau chaude ou sur une grille vapeur. Cuire à la vapeur environ 35 minutes jusqu'à obtenir la consistance d'une crème, en remuant de temps en temps. Servir avec du riz.

Chair de crabe aux feuilles chinoises

pour 4 personnes

1 lb/450 g de feuilles chinoises déchiquetées
45 ml/3 cuillères à soupe d'huile végétale
2 oignons nouveaux (oignons verts), hachés
8 oz/225 g de chair de crabe
15 ml/1 cuillère à soupe de sauce soja
15 ml/1 cuillère à soupe de xérès sec ou de vin de riz
5 ml/1 cuillère à soupe de sel

Blanchir les feuilles de chinois dans l'eau bouillante pendant 2 minutes, puis bien les égoutter et les rincer à l'eau froide. Faites chauffer l'huile et faites revenir les oignons nouveaux jusqu'à ce qu'ils soient légèrement dorés. Ajoutez la chair de crabe et faites revenir 2 minutes. Ajouter les feuilles chinoises et faire sauter pendant 4 minutes. Ajouter la sauce soja, le vin ou le xérès et le sel et bien mélanger. Ajouter le bouillon et la semoule de maïs, porter à ébullition et laisser mijoter en remuant pendant 2 minutes jusqu'à ce que la sauce soit claire et épaisse.

Crabe Foo Yung avec pousses de Soba

pour 4 personnes

6 oeufs battus

45 ml/3 cuillères à soupe de farine de maïs (amidon de maïs)

8 oz/225 g de chair de crabe

100 g de germes de soja

2 oignons nouveaux (oignons verts), finement hachés

2,5 ml/½ cuillère à café de sel

45 ml/3 cuillères à soupe d'huile d'arachide

Battez les œufs puis incorporez la semoule de maïs. Mélangez le reste des ingrédients sauf l'huile. Faites chauffer l'huile et versez le mélange dans la poêle petit à petit pour faire des petites crêpes d'environ 7,5 cm de large. Faites frire jusqu'à ce que le fond soit doré, puis retournez et faites dorer l'autre côté.

Crabe au gingembre

pour 4 personnes

15 ml/1 cuillère à soupe d'huile d'arachide
2 tranches de racine de gingembre, hachées
4 oignons nouveaux (oignons verts), hachés
3 gousses d'ail, hachées finement
1 poivron rouge, haché
12 oz/350 g de chair de crabe, en flocons
2,5 ml/¬Ω cuillère à café de pâte de poisson
2,5 ml/¬Ω cuillère à café d'huile de sésame
15 ml/1 cuillère à soupe de xérès sec ou de vin de riz
5 ml/1 cuillère à café de farine de maïs (amidon de maïs)
15 ml/1 cuillère à soupe d'eau

Faites chauffer l'huile et faites revenir le gingembre, l'oignon, l'ail et le piment pendant 2 minutes. Ajouter la chair de crabe et remuer jusqu'à ce qu'elle soit bien enrobée d'assaisonnement. Ajoutez la pâte de poisson. Mélangez le reste des ingrédients pour obtenir une pâte, puis versez-les dans la poêle et laissez cuire 1 minute. Sers immédiatement.

Lo Mein au crabe

pour 4 personnes

100 g de germes de soja
30 ml/2 cuillères à soupe d'huile d'arachide
5 ml/1 cuillère à soupe de sel
1 oignon, tranché
100 g de champignons émincés
8 oz/225 g de chair de crabe, émiettée
100 g de pousses de bambou, tranchées
nouilles frites
30 ml/2 cuillères à soupe de sauce soja
5 ml/1 cuillère à café de sucre
5 ml/1 cuillère à soupe d'huile de sésame
sel et poivre fraîchement moulu

Blanchissez les germes de soja dans l'eau bouillante pendant 5 minutes, puis égouttez-les. Faites chauffer l'huile et faites revenir le sel et l'oignon jusqu'à ce qu'ils soient tendres. Ajouter les champignons et faire revenir jusqu'à ce qu'ils soient tendres. Ajoutez la chair de crabe et faites revenir 2 minutes. Ajoutez les pousses de soba et les pousses de bambou et faites sauter pendant 1 minute. Ajouter les nouilles égouttées dans la poêle et mélanger délicatement. Mélangez la sauce soja, le sucre et l'huile de sésame et assaisonnez de sel et de poivre. Incorporer la poêle jusqu'à ce qu'elle soit bien chaude.

Crabe sauté au porc

pour 4 personnes

30 ml/2 cuillères à soupe d'huile d'arachide
100 g de porc haché (haché)
12 oz/350 g de chair de crabe, en flocons
2 tranches de racine de gingembre, hachées
2 œufs légèrement battus
15 ml/1 cuillère à soupe de sauce soja
15 ml/1 cuillère à soupe de xérès sec ou de vin de riz
30 ml/2 cuillères à soupe d'eau
sel et poivre fraîchement moulu
4 oignons nouveaux (oignons verts), coupés en lanières

Faites chauffer l'huile et faites revenir le porc jusqu'à ce qu'il ait une couleur claire. Ajoutez la chair de crabe et le gingembre et faites revenir 1 minute. Ajoutez les œufs. Ajouter la sauce soja, le vin ou le xérès, l'eau, le sel et le poivre et laisser mijoter environ 4 minutes en remuant. Servir décoré de ciboulette.

Chair de crabe sautée

pour 4 personnes

30 ml/2 cuillères à soupe d'huile d'arachide
1 livre/450 g de chair de crabe, en flocons
2 oignons nouveaux (oignons verts), hachés
2 tranches de racine de gingembre, hachées
30 ml/2 cuillères à soupe de sauce soja
30 ml/2 cuillères à soupe de vin de riz ou de xérès sec
2,5 ml/½ cuillère à café de sel
15 ml/1 cuillère à soupe de farine de maïs (amidon de maïs)
60 ml/4 cuillères à soupe d'eau

Faites chauffer l'huile et faites revenir la chair de crabe, l'oignon et le gingembre pendant 1 minute. Ajoutez la sauce soja, le vin ou le xérès et le sel, couvrez et laissez cuire 3 minutes. Mélangez la farine de maïs et l'eau pour obtenir une pâte, mélangez la casserole et faites cuire à feu doux en remuant jusqu'à ce que la sauce soit claire et épaisse.

Boulettes de calamars frits

pour 4 personnes

450 g de calamar

50 g de saindoux émietté

1 blanc d'oeuf

2,5 ml/¬Ω cuillère à café de sucre

2,5 ml/¬Ω cuillère à café de farine de maïs (amidon de maïs)

sel et poivre fraîchement moulu

huile de friture

Coupez les calamars et écrasez-les ou écrasez-les en pulpe. Mélanger avec le porc, le blanc d'œuf, le sucre et la fécule de maïs et assaisonner de sel et de poivre. Pressez le mélange en petites boules. Faites chauffer l'huile et faites revenir les boules si nécessaire. par lots, jusqu'à ce qu'ils flottent sur l'huile et soient dorés. Bien égoutter et servir immédiatement.

Homard cantonais

pour 4 personnes

2 homards
30 ml/2 cuillères à soupe d'huile
15 ml/1 cuillère à soupe de sauce aux haricots noirs
1 gousse d'ail, écrasée
1 oignon haché
8 oz/225 g de porc haché (haché)
45 ml/3 cuillères à soupe de sauce soja
5 ml/1 cuillère à café de sucre
sel et poivre fraîchement moulu
15 ml/1 cuillère à soupe de farine de maïs (amidon de maïs)
75 ml/5 cuillères à soupe d'eau
1 oeuf battu

Ouvrez les homards, retirez la chair et coupez-les en cubes de 2,5 cm. Faites chauffer l'huile et faites revenir la sauce aux haricots noirs, l'ail et l'oignon jusqu'à ce qu'ils soient légèrement dorés. Ajouter le porc et cuire jusqu'à ce qu'il soit doré. Ajoutez la sauce soja, le sucre, le sel, le poivre et le homard, couvrez et laissez cuire environ 10 minutes. Mélangez la farine de maïs et l'eau pour obtenir une pâte, mettez-la dans la casserole et faites cuire à feu doux en remuant jusqu'à ce que la sauce soit claire et épaisse. Éteignez le feu et ajoutez l'œuf avant de servir.

homard frit

pour 4 personnes
1 livre / 450 g de chair de homard
30 ml/2 cuillères à soupe de sauce soja
5 ml/1 cuillère à café de sucre
1 oeuf battu
30 ml/3 cuillères à soupe de farine nature (tout usage)
huile de friture

Coupez la chair de homard en cubes de 2,5 cm/1 et mélangez-la avec la sauce soja et le sucre. Laisser reposer 15 minutes puis égoutter. Battre l'œuf et la farine, ajouter le homard et bien mélanger. Faites chauffer l'huile et faites frire le homard jusqu'à ce qu'il soit doré. Égoutter sur du papier absorbant avant de servir.

Homard cuit à la vapeur et au jambon

pour 4 personnes

4 œufs légèrement battus
60 ml/4 cuillères à soupe d'eau
5 ml/1 cuillère à soupe de sel
15 ml/1 cuillère à soupe de sauce soja
1 lb/450 g de chair de homard, en flocons
15 ml/1 cuillère à soupe de jambon fumé haché
15 ml/1 cuillère à soupe de persil frais haché

Battez les œufs avec l'eau, le sel et la sauce soja. Verser dans un plat allant au four et parsemer de chair de homard. Placez le bol sur une grille dans un cuiseur vapeur, couvrez et laissez cuire 20 minutes jusqu'à ce que les œufs soient pris. Servir décoré de jambon et de persil.

Homard aux champignons

pour 4 personnes

1 livre / 450 g de chair de homard
15 ml/1 cuillère à soupe de farine de maïs (amidon de maïs)
60 ml/4 cuillères à soupe d'eau
30 ml/2 cuillères à soupe d'huile d'arachide
4 oignons nouveaux (oignons verts), tranchés épaissement
100 g de champignons émincés
2,5 ml/½ cuillère à café de sel
1 gousse d'ail, écrasée
30 ml/2 cuillères à soupe de sauce soja
15 ml/1 cuillère à soupe de xérès sec ou de vin de riz

Coupez la chair du homard en cubes de 2,5 cm/1. Mélangez la semoule de maïs et l'eau pour obtenir une pâte et ajoutez les dés de homard au mélange pour bien les enrober. Faites chauffer la moitié de l'huile et faites frire les cubes de homard jusqu'à ce qu'ils soient légèrement dorés. Retirez-les de la poêle. Faites chauffer le reste de l'huile et faites revenir les oignons jusqu'à ce qu'ils soient légèrement dorés. Ajouter les champignons et faire revenir 3 minutes. Ajoutez le sel, l'ail, la sauce soja et le vin ou le xérès et faites frire pendant 2 minutes. Remettez le homard dans la poêle et faites-le revenir jusqu'à ce qu'il soit bien chaud.

Queues de homard au porc

pour 4 personnes

3 champignons chinois séchés
4 queues de homard
60 ml / 4 cuillères à soupe d'huile d'arachide
100 g de porc haché (haché)
50 g de châtaignes d'eau hachées finement
sel et poivre fraîchement moulu
2 gousses d'ail, hachées finement
45 ml/3 cuillères à soupe de sauce soja
30 ml/2 cuillères à soupe de vin de riz ou de xérès sec
30 ml/2 cuillères à soupe de sauce aux haricots noirs
10 ml/2 cuillères à soupe de farine de maïs (amidon de maïs)
120 ml/4 fl oz/¬Ω tasse d'eau

Faites tremper les champignons dans l'eau tiède pendant 30 minutes, puis égouttez-les. Jetez les tiges et coupez les sommets. Coupez les queues de homard en deux dans le sens de la longueur. Retirez la chair des queues de homard, conservez les carapaces. Faites chauffer la moitié de l'huile et faites frire le porc jusqu'à ce qu'il soit clair. Retirez du feu et mélangez les champignons, la chair de homard, les châtaignes d'eau, le sel et le poivre. Remettez la viande dans les carapaces de homard et placez-la dans un plat allant au four. Placer sur une grille dans un cuiseur vapeur, couvrir et cuire à la vapeur pendant environ 20 minutes jusqu'à ce qu'il soit bien cuit. Pendant ce temps, faites chauffer le reste de l'huile et faites revenir l'ail, la sauce soja, le vin ou le xérès et la sauce aux haricots noirs pendant 2 minutes. Mélangez la farine de maïs et l'eau jusqu'à obtenir une pâte, mettez-la dans la casserole et laissez bouillir en remuant jusqu'à ce que la sauce épaississe. Disposez le homard sur une assiette chaude, versez dessus la sauce et servez aussitôt.

homard sauté

pour 4 personnes

1 livre/450 g de queues de homard

30 ml/2 cuillères à soupe d'huile d'arachide

1 gousse d'ail, écrasée

2,5 ml/¬Ω cuillère à café de sel

350 g de germes de soja

50 g de champignons

4 oignons nouveaux (oignons verts), tranchés épaissement

150 ml/¬°pt/¬Ω généreuse tasse de bouillon de poulet
15 ml/1 cuillère à soupe de farine de maïs (amidon de maïs)

Faites bouillir de l'eau dans une casserole, ajoutez les queues de homard et laissez cuire 1 minute. Égoutter, laisser refroidir, retirer la peau et couper en tranches épaisses. Faites chauffer l'huile avec l'ail et le sel et faites revenir jusqu'à ce que l'ail soit légèrement doré. Ajoutez le homard et faites revenir 1 minute. Ajouter les germes de soja et les champignons et faire sauter pendant 1 minute. Ajoutez la ciboulette. Ajouter la majeure partie du bouillon, porter à ébullition, couvrir et laisser mijoter 3 minutes. Mélangez la semoule de maïs avec le reste du bouillon, versez dans la casserole et faites cuire à feu doux en remuant jusqu'à ce que la sauce soit claire et épaisse.

bébé homard

pour 4 personnes

30 ml/2 cuillères à soupe d'huile d'arachide
5 ml/1 cuillère à soupe de sel
1 oignon, tranché finement
100 g de champignons émincés
4 oz/100 g de pousses de bambou, tranchées 8 oz/225 g de chair de homard cuite
15 ml/1 cuillère à soupe de xérès sec ou de vin de riz
120 ml/4 fl oz/¬Ω tasse de bouillon de poulet
une pincée de poivre fraîchement moulu
10 ml / 2 cuillères à café de farine de maïs (amidon de maïs)
15 ml/1 cuillère à soupe d'eau
4 paniers de nouilles

Faites chauffer l'huile et faites revenir le sel et l'oignon jusqu'à ce qu'ils soient tendres. Ajoutez les champignons et les pousses de bambou et faites revenir 2 minutes. Ajouter la chair de homard, le vin ou le xérès et le bouillon, porter à ébullition, couvrir et laisser mijoter 2 minutes. Assaisonner de poivre. Mélangez la farine de maïs et l'eau pour obtenir une pâte, mélangez dans la casserole et faites cuire à feu doux en remuant jusqu'à ce que la sauce épaississe. Disposez les nids de nouilles sur une assiette de service chaude et recouvrez de pâte au homard.

Moules à la sauce aux haricots noirs

pour 4 personnes

45 ml/3 cuillères à soupe d'huile d'arachide
2 gousses d'ail, hachées finement
2 tranches de racine de gingembre, hachées
30 ml/2 cuillères à soupe de sauce aux haricots noirs
15 ml/1 cuillère à soupe de sauce soja
3 lb/1,5 kg de prunes, lavées et parées
2 oignons nouveaux (oignons verts), hachés

Faites chauffer l'huile et faites revenir l'ail et le gingembre pendant 30 secondes. Ajoutez la sauce aux haricots noirs et la sauce soja et faites revenir 10 secondes. Ajouter les moules, couvrir et cuire env. 6 minutes jusqu'à ce que les palourdes s'ouvrent. Jetez ceux qui restent fermés. Transférer dans une assiette chaude et servir parsemé de ciboulette.

Moules au gingembre

pour 4 personnes

45 ml/3 cuillères à soupe d'huile d'arachide
2 gousses d'ail, hachées finement
4 tranches de racine de gingembre, hachées
3 lb/1,5 kg de prunes, lavées et parées
45 ml/3 cuillères à soupe d'eau
15 ml/1 cuillère à soupe de sauce aux huîtres

Faites chauffer l'huile et faites revenir l'ail et le gingembre pendant 30 secondes. Ajouter les moules et l'eau, couvrir et laisser cuire env. 6 minutes jusqu'à ce que les palourdes s'ouvrent. Jetez ceux qui restent fermés. Transférer dans une assiette chaude et servir avec une sauce aux huîtres.

Prunes cuites à la vapeur

pour 4 personnes

3 lb/1,5 kg de prunes, lavées et parées

45 ml/3 cuillères à soupe de sauce soja

3 oignons nouveaux (oignons verts), finement hachés

Placer les moules sur une grille fumante, couvrir et cuire à la vapeur sur de l'eau bouillante pendant env. 10 minutes jusqu'à ce que toutes les palourdes s'ouvrent. Jetez ceux qui restent fermés. Transférer dans une assiette chaude et servir saupoudré de sauce soja et d'oignon.

huîtres frites

pour 4 personnes

24 huîtres écaillées

sel et poivre fraîchement moulu

1 oeuf battu

50 g/2 oz/¬Ω tasse de farine nature (tout usage)

250 ml/8 fl oz/1 tasse d'eau

huile de friture

4 oignons nouveaux (oignons verts), hachés

Saupoudrer les huîtres de sel et de poivre. Battez l'œuf avec la farine et l'eau jusqu'à obtenir une pâte et utilisez-la pour recouvrir les huîtres. Faites chauffer l'huile et faites frire les huîtres jusqu'à ce qu'elles soient dorées. Égoutter sur du papier absorbant et servir garni d'oignons nouveaux.

huîtres au bacon

pour 4 personnes

6 onces/175 g de bacon
24 huîtres écaillées
1 œuf légèrement battu
15 ml/1 cuillère à soupe d'eau
45 ml/3 cuillères à soupe d'huile d'arachide
2 oignons, hachés
15 ml/1 cuillère à soupe de farine de maïs (amidon de maïs)
15 ml/1 cuillère à soupe de sauce soja
90 ml/6 cuillères à soupe de bouillon de poulet

Coupez le bacon en morceaux et enroulez un morceau autour de chaque huître. Battez l'œuf avec l'eau, puis plongez-le dans les huîtres pour l'enrober. Faites chauffer la moitié de l'huile et faites frire les huîtres jusqu'à ce qu'elles soient légèrement dorées des deux côtés, puis retirez-les de la poêle et égouttez la graisse. Faites chauffer le reste de l'huile et faites revenir l'oignon jusqu'à ce qu'il soit tendre. Mélangez la farine de maïs, la sauce soja et le bouillon pour obtenir une pâte, versez dans la poêle et faites cuire à feu doux en remuant jusqu'à ce que la sauce soit claire et épaisse. Versez sur les huîtres et servez aussitôt.

Huîtres frites au gingembre

pour 4 personnes

24 huîtres écaillées

2 tranches de racine de gingembre, hachées

30 ml/2 cuillères à soupe de sauce soja

15 ml/1 cuillère à soupe de xérès sec ou de vin de riz

4 oignons nouveaux (oignons verts), coupés en lanières

100 g de bacon

1 oeuf

50 g/2 oz/¬Ω tasse de farine nature (tout usage)

sel et poivre fraîchement moulu

huile de friture

1 citron, coupé en dés

Mettez les huîtres dans un bol avec le gingembre, la sauce soja et le vin ou le xérès et mélangez bien. Laisser poser 30 minutes. Déposez quelques lanières d'oignon sur chaque huître. Coupez le bacon en morceaux et enroulez un morceau autour de chaque huître. Battez les œufs et la farine jusqu'à obtenir une pâte et assaisonnez de sel et de poivre. Tremper les huîtres dans la pâte jusqu'à ce qu'elles soient bien enrobées. Faites chauffer l'huile et faites frire les huîtres jusqu'à ce qu'elles soient dorées. Servir décoré de tranches de citron.

Huîtres à la sauce aux haricots noirs

pour 4 personnes

350 g d'huîtres écaillées
120 ml/4 fl oz/¬Ω tasse d'huile d'arachide
2 gousses d'ail, hachées finement
3 oignons nouveaux (oignons verts), tranchés
15 ml/1 cuillère à soupe de sauce aux haricots noirs
30 ml/2 cuillères à soupe de sauce soja noire
15 ml/1 cuillère à soupe d'huile de sésame
pincée de poudre de chili

Blanchir les huîtres dans l'eau bouillante pendant 30 secondes et égoutter. Faites chauffer l'huile et faites revenir l'ail et les oignons pendant 30 secondes. Ajouter la sauce aux haricots noirs, la sauce soja, l'huile de sésame et les huîtres et assaisonner de poudre de chili. Cuire au four jusqu'à ce que le tout soit bien chaud et servir immédiatement.

Coquilles Saint-Jacques aux pousses de bambou

pour 4 personnes

60 ml / 4 cuillères à soupe d'huile d'arachide
6 oignons nouveaux (oignons verts), hachés
8 oz/225 g de champignons, coupés en quartiers
15 ml/1 cuillère à soupe de sucre
1 livre/450 g de pétoncles sans coquille
2 tranches de racine de gingembre, hachées
8 oz/225 g de pousses de bambou, tranchées
sel et poivre fraîchement moulu
300 ml/¬Ω pt/1 ¬° tasse d'eau
30 ml/2 cuillères à soupe de vinaigre de vin
30 ml/2 cuillères à soupe de farine de maïs (amidon de maïs)
150 ml/¬° pt/¬Ω une généreuse tasse d'eau
45 ml/3 cuillères à soupe de sauce soja

Faites chauffer l'huile et faites revenir les oignons et les champignons pendant 2 minutes. Ajoutez le sucre, les Saint-Jacques, le gingembre, les pousses de bambou, salez et poivrez, couvrez et laissez cuire 5 minutes. Ajouter l'eau et le vinaigre de vin, porter à ébullition, couvrir et laisser mijoter 5 minutes. Mélangez la farine de maïs et l'eau pour obtenir une pâte, mélangez dans la casserole et faites cuire à feu doux en remuant jusqu'à ce que la sauce épaississe. Assaisonner de sauce soja et servir.

Coquilles Saint-Jacques aux œufs

pour 4 personnes
45 ml/3 cuillères à soupe d'huile d'arachide
12oz/350g de pétoncles en coquille
25 g de jambon fumé haché
30 ml/2 cuillères à soupe de vin de riz ou de xérès sec
5 ml/1 cuillère à café de sucre
2,5 ml/¬Ω cuillère à café de sel
une pincée de poivre fraîchement moulu
2 œufs légèrement battus
15 ml/1 cuillère à soupe de sauce soja

Faites chauffer l'huile et faites revenir les pétoncles pendant 30 secondes. Ajoutez le jambon et faites revenir 1 minute. Ajoutez le vin ou le xérès, le sucre, le sel et le poivre et faites sauter pendant 1 minute. Ajoutez les œufs et remuez doucement à feu vif jusqu'à ce que les ingrédients soient bien enrobés d'œuf. Servir arrosé de sauce soja.

Pétoncles au brocoli

pour 4 personnes

350 g de pétoncles tranchés
3 tranches de racine de gingembre, hachées
¬Ω petite carotte, coupée en tranches
1 gousse d'ail, écrasée
45 ml/3 cuillères à soupe de farine nature (tout usage)
2,5 ml/¬Ω cuillère à café de levure chimique (levure chimique)
30 ml/2 cuillères à soupe d'huile d'arachide
15 ml/1 cuillère à soupe d'eau
1 banane, tranchée
huile de friture
275 g/10 oz de brocoli
Sal
5 ml/1 cuillère à soupe d'huile de sésame
2,5 ml/¬Ω cuillère à café de sauce piquante
2,5 ml/¬Ω cuillère à café de vinaigre de vin
2,5 ml/¬Ω cuillère à café de purée de tomates (pâte)

Mélangez les Saint-Jacques avec le gingembre, la carotte et l'ail et laissez reposer. Mélangez la farine, la levure chimique, 15 ml/1 cuillère à soupe d'huile et l'eau pour obtenir une pâte et utilisez-la pour enrober les tranches de banane. Faites chauffer l'huile et faites frire la banane jusqu'à ce qu'elle soit dorée, égouttez-la et placez-la autour d'une assiette de service chaude. Pendant ce temps, faites cuire le brocoli dans de l'eau bouillante salée jusqu'à ce qu'il soit tendre, puis égouttez-le. Faites chauffer le reste de l'huile avec l'huile de sésame, faites revenir brièvement le brocoli et placez-le autour de l'assiette avec les bananes. Ajouter la sauce chili, le vinaigre de vin et la purée de tomates dans la poêle et cuire les pétoncles jusqu'à ce qu'ils soient bien cuits. Versez dans un plat de service et servez aussitôt.

Coquilles Saint-Jacques au gingembre

pour 4 personnes

45 ml/3 cuillères à soupe d'huile d'arachide
2,5 ml/½ cuillère à café de sel
3 tranches de racine de gingembre, hachées
2 oignons nouveaux, tranchés épaissement
1 livre/450 g de pétoncles pelés, coupés en deux
15 ml/1 cuillère à soupe de farine de maïs (amidon de maïs)
60 ml/4 cuillères à soupe d'eau

Faites chauffer l'huile et faites revenir le sel et le gingembre pendant 30 secondes. Ajouter la ciboulette et faire revenir jusqu'à ce qu'elle soit légèrement dorée. Ajouter les pétoncles et faire revenir 3 minutes. Mélangez la farine de maïs et l'eau pour obtenir une pâte, ajoutez-la à la poêle et faites cuire à feu doux en remuant jusqu'à ce qu'elle soit épaisse. Sers immédiatement.

Coquilles Saint-Jacques au jambon

pour 4 personnes

1 livre/450 g de pétoncles pelés, coupés en deux
8 fl oz/250 ml/1 tasse de vin de riz ou de xérès sec
1 oignon, finement haché
2 tranches de racine de gingembre, hachées
2,5 ml/¬Ω cuillère à café de sel
100 g de jambon fumé haché

Mettez les pétoncles dans un bol et ajoutez le vin ou le xérès. Couvrir et laisser mariner 30 minutes en les retournant de temps en temps, puis égoutter les pétoncles et jeter la marinade. Disposez les Saint-Jacques dans un plat allant au four avec le reste des ingrédients. Placez le plat sur une grille dans un cuiseur vapeur, couvrez et faites cuire à la vapeur sur de l'eau bouillante pendant environ 6 minutes, jusqu'à ce que les pétoncles soient tendres.

Oeufs brouillés aux herbes

pour 4 personnes

8 oz/225 g de pétoncles sans coquille
30 ml/2 cuillères à soupe de coriandre fraîche hachée
4 oeufs battus
15 ml/1 cuillère à soupe de xérès sec ou de vin de riz
sel et poivre fraîchement moulu
15 ml/1 cuillère à soupe d'huile d'arachide

Placez les pétoncles dans un cuiseur vapeur et faites-les cuire à la vapeur pendant environ 3 minutes jusqu'à ce qu'ils soient bien cuits, selon leur taille. Retirer de la vapeur et saupoudrer de coriandre. Fouettez les œufs avec le vin ou le xérès et assaisonnez de sel et de poivre. Mélangez les pétoncles et la coriandre. Faites chauffer l'huile et faites frire le mélange de pétoncles et d'œufs, en remuant constamment, jusqu'à ce que les œufs soient pris. Sers immédiatement.

Pétoncles et oignons sautés

pour 4 personnes

45 ml/3 cuillères à soupe d'huile d'arachide
1 oignon, tranché
1 livre/450 g de pétoncles pelés, coupés en quartiers
sel et poivre fraîchement moulu
15 ml/1 cuillère à soupe de xérès sec ou de vin de riz

Faites chauffer l'huile et faites revenir l'oignon jusqu'à ce qu'il soit tendre. Ajoutez les pétoncles et faites-les frire jusqu'à ce qu'ils soient légèrement dorés. Assaisonner de sel et de poivre, arroser de vin ou de xérès et servir aussitôt.

Coquilles Saint-Jacques aux légumes

Il sert 4.Äì6

4 champignons chinois séchés
2 oignons
30 ml/2 cuillères à soupe d'huile d'arachide
3 branches de céleri, coupées en diagonale
8 oz/225 g de haricots verts, coupés en diagonale
10 ml/2 cuillères à café de racine de gingembre râpée
1 gousse d'ail, écrasée
20 ml / 4 cuillères à café de farine de maïs (amidon de maïs)
250 ml/8 fl oz/1 tasse de bouillon de poulet
30 ml/2 cuillères à soupe de vin de riz ou de xérès sec
30 ml/2 cuillères à soupe de sauce soja
1 livre/450 g de pétoncles pelés, coupés en quartiers
6 oignons nouveaux (oignons verts), tranchés
Boîte de 15 oz/425 g d'épis de maïs

Faites tremper les champignons dans l'eau tiède pendant 30 minutes, puis égouttez-les. Jetez les tiges et coupez le haut. Coupez l'oignon en cubes et séparez les couches. Faites chauffer l'huile et faites revenir l'oignon, le céleri, les haricots, le gingembre et l'ail pendant 3 minutes. Mélangez la semoule de maïs avec un peu de bouillon, puis ajoutez le reste du bouillon, le vin ou le xérès et la sauce soja, mettez dans le wok et portez à ébullition en remuant. Ajouter les champignons, les pétoncles, l'oignon nouveau et le maïs et cuire environ 5 minutes jusqu'à ce que les pétoncles soient tendres.

Coquilles Saint-Jacques au paprika

pour 4 personnes

30 ml/2 cuillères à soupe d'huile d'arachide
3 oignons nouveaux (oignons verts), hachés
1 gousse d'ail, écrasée
2 tranches de racine de gingembre, hachées
2 poivrons rouges coupés en dés
1 livre/450 g de pétoncles sans coquille

30 ml/2 cuillères à soupe de vin de riz ou de xérès sec

15 ml/1 cuillère à soupe de sauce soja

15 ml/1 cuillère à soupe de sauce aux haricots jaunes

5 ml/1 cuillère à café de sucre

5 ml/1 cuillère à soupe d'huile de sésame

Faites chauffer l'huile et faites revenir les oignons nouveaux, l'ail et le gingembre pendant 30 secondes. Ajouter le paprika et faire revenir 1 minute. Ajouter les Saint-Jacques et faire revenir 30 secondes, puis ajouter le reste des ingrédients et faire revenir env. 3 minutes, jusqu'à ce que les pétoncles soient tendres.

Calmar aux germes de soja

pour 4 personnes

450 g de calamar

30 ml/2 cuillères à soupe d'huile d'arachide

15 ml/1 cuillère à soupe de xérès sec ou de vin de riz

100 g de germes de soja

15 ml/1 cuillère à soupe de sauce soja

Sal

1 poivron rouge, râpé

2 tranches de racine de gingembre, râpées

2 oignons nouveaux (oignons verts), râpés

Retirez la tête, les boyaux et la membrane du calmar et coupez-le en gros morceaux. Découpez un motif en croix sur chaque pièce. Faites bouillir une casserole d'eau, ajoutez les calamars et faites cuire à feu doux jusqu'à ce que les morceaux s'enroulent, retirez-les et égouttez-les. Faites chauffer la moitié de l'huile et faites revenir rapidement les calamars. Arrosez de vin ou de xérès. Pendant ce temps, faites chauffer le reste de l'huile et faites revenir les germes de soja jusqu'à ce qu'ils soient tendres. Assaisonner avec de la sauce soja et du sel. Placer le piment, le gingembre et l'oignon nouveau dans une assiette. Placez les pousses de soba au centre et terminez par les calamars. Sers immédiatement.

Calamar frit

pour 4 personnes

50 g de farine nature (tout usage)

25 g/1 oz/¬° tasse de semoule de maïs (amidon de maïs)

2,5 ml/¬Ω cuillère à café de bicarbonate de soude

2,5 ml/¬Ω cuillère à café de sel

1 oeuf

75 ml/5 cuillères à soupe d'eau

15 ml/1 cuillère à soupe d'huile d'arachide

1 lb/450 g de calamar, coupé en rondelles

huile de friture

Battre la farine, la fécule de maïs, la levure chimique, le sel, l'œuf, l'eau et l'huile dans une pâte. Trempez les calamars dans la pâte jusqu'à ce qu'ils soient bien enrobés. Faites chauffer l'huile et faites revenir les calamars petit à petit jusqu'à ce qu'ils soient dorés. Égoutter sur du papier absorbant avant de servir.

paquets de calamars

pour 4 personnes

8 champignons chinois séchés

450 g de calamar

100 g de jambon fumé

4 onces/100 grammes de tofu

1 oeuf battu

15 ml/1 cuillère à soupe de farine nature (tout usage)

2,5 ml/¬Ω cuillère à café de sucre

2,5 ml/¬Ω cuillère à café d'huile de sésame

sel et poivre fraîchement moulu

8 peaux de wonton

huile de friture

Faites tremper les champignons dans l'eau tiède pendant 30 minutes, puis égouttez-les. Jetez les tiges. Retirez les calamars et coupez-les en 8 morceaux. Coupez le jambon et le tofu en 8 morceaux. Mettez-les tous dans un bol. Mélangez l'œuf avec la farine, le sucre, l'huile de sésame, le sel et le poivre. Versez les ingrédients dans le récipient et mélangez délicatement. Placez un chapeau de champignon et un morceau de calamar, de jambon et de tofu directement sous le centre de chaque peau de wonton. Pliez le coin inférieur vers le haut, repliez les côtés, puis enroulez-le en mouillant les bords avec de l'eau pour sceller. Faites chauffer l'huile et faites frire les sachets pendant environ 8 minutes jusqu'à ce qu'ils soient dorés. Bien égoutter avant de servir.

Rouleaux de poulpe frits

pour 4 personnes

45 ml/3 cuillères à soupe d'huile d'arachide

225 g de rondelles de calamar

1 gros poivron vert, coupé en morceaux

100 g de pousses de bambou, tranchées

2 oignons nouveaux (oignons verts), finement hachés

1 tranche de racine de gingembre, hachée finement

45 ml/2 cuillères à soupe de sauce soja

30 ml/2 cuillères à soupe de vin de riz ou de xérès sec

15 ml/1 cuillère à soupe de farine de maïs (amidon de maïs)

15 ml/1 cuillère à soupe de bouillon de poisson ou d'eau

5 ml/1 cuillère à café de sucre

5 ml/1 cuillère à café de vinaigre de vin

5 ml/1 cuillère à soupe d'huile de sésame
sel et poivre fraîchement moulu

Faites chauffer 15 ml/1 cuillère à soupe d'huile et faites revenir rapidement les calamars jusqu'à ce qu'ils soient tendres. Pendant ce temps, faites chauffer le reste de l'huile dans une poêle à part et faites revenir les poivrons, les pousses de bambou, les oignons nouveaux et le gingembre pendant 2 minutes. Ajouter les calamars et faire revenir 1 minute. Ajouter la sauce soja, le vin ou le xérès, la semoule de maïs, le bouillon, le sucre, le vinaigre de vin et l'huile de sésame et assaisonner de sel et de poivre. Cuire jusqu'à ce que la sauce devienne légère et épaisse.

Calamars sautés

pour 4 personnes

45 ml/3 cuillères à soupe d'huile d'arachide
3 oignons nouveaux (oignons verts), tranchés épaississement
2 tranches de racine de gingembre, hachées
1 lb/450 g de calamar, coupé en morceaux

15 ml/1 cuillère à soupe de sauce soja
15 ml/1 cuillère à soupe de xérès sec ou de vin de riz
5 ml/1 cuillère à café de farine de maïs (amidon de maïs)
15 ml/1 cuillère à soupe d'eau

Faites chauffer l'huile et faites revenir l'oignon et le gingembre jusqu'à ce qu'ils soient tendres. Ajoutez les calamars et faites-les frire jusqu'à ce qu'ils soient recouverts d'huile. Ajoutez la sauce soja et le vin ou le xérès, couvrez et laissez cuire 2 minutes. Mélangez la farine de maïs et l'eau pour obtenir une pâte, ajoutez-les à la poêle et faites cuire à feu doux en remuant jusqu'à ce que la sauce épaississe et que les calamars soient tendres.

Calamars aux champignons séchés

pour 4 personnes

50 g de champignons chinois séchés
450 g de rondelles de calamar
45 ml/3 cuillères à soupe d'huile d'arachide
45 ml/3 cuillères à soupe de sauce soja
2 oignons nouveaux (oignons verts), finement hachés
1 tranche de racine de gingembre, hachée
8 oz/225 g de pousses de bambou, coupées en lanières
30 ml/2 cuillères à soupe de farine de maïs (amidon de maïs)
150 ml/¬°pt/¬Ω généreux bol de fumet de poisson

Faites tremper les champignons dans l'eau tiède pendant 30 minutes, puis égouttez-les. Jetez les tiges et coupez le haut. Blanchir les calamars quelques secondes dans l'eau bouillante. Faites chauffer l'huile, ajoutez les champignons, la sauce soja, l'oignon et le gingembre et faites revenir 2 minutes. Ajouter les calamars et les pousses de bambou et faire sauter pendant 2 minutes. Mélangez la farine de maïs et le bouillon et mélangez dans la poêle. Laissez mijoter en remuant jusqu'à ce que la sauce soit claire et épaisse.

Calamars aux légumes

pour 4 personnes

45 ml/3 cuillères à soupe d'huile d'arachide

1 oignon, tranché

5 ml/1 cuillère à soupe de sel

1 lb/450 g de calamar, coupé en morceaux

100 g de pousses de bambou, tranchées

2 branches de céleri, coupées en diagonale

60 ml/4 cuillères à soupe de bouillon de poulet

5 ml/1 cuillère à café de sucre

100 g de pois mange-tout

5 ml/1 cuillère à café de farine de maïs (amidon de maïs)

15 ml/1 cuillère à soupe d'eau

Faites chauffer l'huile et faites revenir l'oignon et le sel jusqu'à ce qu'ils soient légèrement dorés. Ajouter les calamars et faire revenir jusqu'à ce qu'ils soient recouverts d'huile. Ajouter les pousses de bambou et le céleri et faire sauter pendant 3 minutes. Ajouter le bouillon et le sucre, porter à ébullition, couvrir et laisser mijoter 3 minutes jusqu'à ce que les légumes soient tendres. Ajoutez la poignée. Mélangez la farine de maïs et l'eau pour obtenir une pâte, mélangez dans la casserole et faites cuire à feu doux en remuant jusqu'à ce que la sauce épaississe.

Viande anisée

pour 4 personnes

30 ml/2 cuillères à soupe d'huile d'arachide

1 livre / 450 g de filet de bœuf

1 gousse d'ail, écrasée

45 ml/3 cuillères à soupe de sauce soja

15 ml/1 cuillère à soupe d'eau

15 ml/1 cuillère à soupe de xérès sec ou de vin de riz

5 ml/1 cuillère à soupe de sel

5 ml/1 cuillère à café de sucre

2 gousses d'anis étoilé

Faites chauffer l'huile et faites frire la viande jusqu'à ce qu'elle soit dorée de tous les côtés. Ajoutez le reste des ingrédients, faites bouillir, couvrez et laissez bouillir environ 45 minutes, puis retournez la viande, ajoutez un peu plus d'eau et de sauce soja si la viande commence à se dessécher. Laisser mijoter encore 45 minutes jusqu'à ce que la viande soit tendre. Jetez l'anis étoilé avant de servir.

Veau aux asperges

pour 4 personnes

1 lb/450 g de surlonge, coupé en dés
30 ml/2 cuillères à soupe de sauce soja
30 ml/2 cuillères à soupe de vin de riz ou de xérès sec
45 ml/3 cuillères à soupe de farine de maïs (amidon de maïs)
45 ml/3 cuillères à soupe d'huile d'arachide
5 ml/1 cuillère à soupe de sel
1 gousse d'ail, écrasée

350 g d'asperges
120 ml/4 fl oz/¬Ω tasse de bouillon de poulet
15 ml/1 cuillère à soupe de sauce soja

Placez le steak dans un bol. Mélangez la sauce soja, le vin ou le xérès et 30 ml/2 cuillères à soupe de maïzena, versez sur le steak et remuez bien. Laisser mariner 30 minutes. Faites chauffer l'huile avec le sel et l'ail et faites revenir jusqu'à ce que l'ail soit légèrement doré. Ajoutez la viande et la marinade et faites revenir 4 minutes. Ajoutez les asperges et faites revenir doucement pendant 2 minutes. Ajouter le bouillon et la sauce soja, porter à ébullition et laisser mijoter en remuant pendant 3 minutes jusqu'à ce que la viande soit cuite. Mélangez le reste de la semoule de maïs avec un peu plus d'eau ou de bouillon et incorporez-la à la sauce. Laisser mijoter en remuant pendant quelques minutes jusqu'à ce que la sauce soit claire et épaisse.

Steak aux pousses de bambou

pour 4 personnes
45 ml/3 cuillères à soupe d'huile d'arachide
1 gousse d'ail, écrasée
1 oignon (oignon), haché
1 tranche de racine de gingembre, hachée
8 oz/225 g de bœuf maigre, coupé en lanières

100 g de pousses de bambou
45 ml/3 cuillères à soupe de sauce soja
15 ml/1 cuillère à soupe de xérès sec ou de vin de riz
5 ml/1 cuillère à café de farine de maïs (amidon de maïs)

Faites chauffer l'huile et faites revenir l'ail, l'oignon et le gingembre jusqu'à ce qu'ils soient légèrement dorés. Ajouter la viande et faire revenir 4 minutes jusqu'à ce qu'elle soit légèrement dorée. Ajoutez les pousses de bambou et faites revenir 3 minutes. Ajouter la sauce soja, le vin ou le xérès et la semoule de maïs et faire sauter pendant 4 minutes.

Steak aux pousses de bambou et champignons

pour 4 personnes

8 oz/225 g de viande maigre
45 ml/3 cuillères à soupe d'huile d'arachide
1 tranche de racine de gingembre, hachée
100 g de pousses de bambou, tranchées
100 g de champignons émincés

45 ml/3 cuillères à soupe de vin de riz ou de xérès sec
5 ml/1 cuillère à café de sucre
10 ml/2 cuillères à soupe de sauce soja
sel et poivre
120 ml/4 fl oz/½ tasse de bouillon de bœuf
15 ml/1 cuillère à soupe de farine de maïs (amidon de maïs)
30 ml/2 cuillères à soupe d'eau

Coupez la viande en fines tranches à contre-courant. Faites chauffer l'huile et faites revenir le gingembre pendant quelques secondes. Ajouter la viande et faire revenir jusqu'à ce qu'elle soit dorée. Ajouter les pousses de bambou et les champignons et faire revenir 1 minute. Ajouter le vin ou le xérès, le sucre et la sauce soja et assaisonner de sel et de poivre. Ajouter le bouillon, porter à ébullition, couvrir et laisser mijoter 3 minutes. Mélangez la farine de maïs et l'eau, mélangez dans la poêle et faites cuire à feu doux en remuant jusqu'à ce que la sauce épaississe.

Boeuf frit chinois

pour 4 personnes
45 ml/3 cuillères à soupe d'huile d'arachide
2 lb/900 g de bifteck
1 oignon (oignon), tranché
1 gousse d'ail, hachée finement

1 tranche de racine de gingembre, hachée
60 ml/4 cuillères à soupe de sauce soja
30 ml/2 cuillères à soupe de vin de riz ou de xérès sec
5 ml/1 cuillère à café de sucre
5 ml/1 cuillère à soupe de sel
une pincée de poivre
750 ml/1 tasse/3 tasses d'eau bouillante

Faites chauffer l'huile et faites revenir rapidement la viande de tous les côtés. Ajouter l'oignon nouveau, l'ail, le gingembre, la sauce soja, le vin ou le xérès, le sucre, le sel et le poivre. Porter à ébullition en remuant. Ajouter l'eau bouillante, porter à nouveau à ébullition en remuant, couvrir et laisser mijoter env. 2 heures jusqu'à ce que la viande soit tendre.

Steak aux germes de soja

pour 4 personnes
1 lb/450 g de bœuf maigre, tranché
1 blanc d'oeuf
30 ml/2 cuillères à soupe d'huile d'arachide
15 ml/1 cuillère à soupe de farine de maïs (amidon de maïs)

15 ml/1 cuillère à soupe de sauce soja

100 g de germes de soja

25 g de choucroute râpée

1 poivron rouge, râpé

2 oignons nouveaux (oignons verts), râpés

2 tranches de racine de gingembre, râpées

Sal

5 ml/1 cuillère à soupe de sauce aux huîtres

5 ml/1 cuillère à soupe d'huile de sésame

Mélangez la viande avec le blanc d'oeuf, la moitié de l'huile, la fécule de maïs et la sauce soja et laissez reposer 30 minutes. Blanchir les germes de soja dans l'eau bouillante pendant env. 8 minutes jusqu'à ce qu'ils soient presque tendres, puis égouttez-les. Faites chauffer le reste de l'huile et faites frire la viande jusqu'à ce qu'elle soit légèrement dorée, puis retirez-la de la poêle. Ajoutez le chou mariné, le piment, le gingembre, le sel, la sauce d'huîtres et l'huile de sésame et faites revenir 2 minutes. Ajouter les germes de soja et faire revenir pendant 2 minutes. Remettez la viande dans la poêle et faites-la frire jusqu'à ce qu'elle soit bien mélangée et bien chaude. Sers immédiatement.

Steak au brocoli

pour 4 personnes

1 lb/450 g de surlonge, tranché finement
30 ml/2 cuillères à soupe de farine de maïs (amidon de maïs)
15 ml/1 cuillère à soupe de xérès sec ou de vin de riz
15 ml/1 cuillère à soupe de sauce soja
30 ml/2 cuillères à soupe d'huile d'arachide
5 ml/1 cuillère à soupe de sel
1 gousse d'ail, écrasée
8 oz/225 g de fleurons de brocoli
150 ml/¬°pt/¬Ω généreuse tasse de bouillon de bœuf

Placez le steak dans un bol. Mélangez 15 ml/1 cuillère à soupe de semoule de maïs avec du vin ou du xérès et de la sauce soja, ajoutez la viande et laissez mariner 30 minutes. Faites chauffer l'huile avec le sel et l'ail et faites revenir jusqu'à ce que l'ail soit légèrement doré. Ajouter la viande et la marinade et faire revenir 4 minutes. Ajouter le brocoli et faire sauter pendant 3 minutes. Ajouter le bouillon, porter à ébullition, couvrir et laisser mijoter 5 minutes, jusqu'à ce que le brocoli soit tendre mais toujours croquant. Mélangez le reste de la semoule de maïs avec un peu d'eau et incorporez-la à la sauce. Laissez mijoter en remuant jusqu'à ce que la sauce devienne légère et épaisse.

Filet de sésame au brocoli

pour 4 personnes

5 oz/150 g de bœuf maigre, tranché finement
2,5 ml/½ cuillère à café de sauce aux huîtres
5 ml/1 cuillère à café de farine de maïs (amidon de maïs)
5 ml/1 cuillère à café de vinaigre de vin blanc
60 ml / 4 cuillères à soupe d'huile d'arachide
100 g de fleurons de brocoli
5 ml/1 cuillère à soupe de sauce de poisson
2,5 ml/½ cuillère à café de sauce soja
250 ml/8 fl oz/1 tasse de bouillon de bœuf
30 ml/2 cuillères à soupe de graines de sésame

Faites mariner la viande avec la sauce d'huîtres, 2,5 ml/½ cuillère à café de semoule de maïs, 2,5 ml/½ cuillère à café de vinaigre de vin et 15 ml/¬Ω cuillère à soupe d'huile pendant 1 heure.

Pendant ce temps, faites chauffer 15 ml/1 cuillère à soupe d'huile, ajoutez le brocoli, 2,5 ml/¬Ω cuillère à café de sauce de poisson, la sauce soja et le reste du vinaigre de vin et couvrez d'eau bouillante. Cuire à feu doux environ 10 minutes jusqu'à ce qu'ils soient tendres.

Faites chauffer 2 cuillères à soupe / 30 ml d'huile dans une poêle séparée et faites revenir brièvement la viande jusqu'à ce qu'elle soit dorée. Ajouter le bouillon, le reste de la farine de maïs et la sauce de poisson, porter à ébullition, couvrir et laisser bouillir pendant env. 10 minutes jusqu'à ce que la viande soit tendre. Égouttez le brocoli et placez-le sur une assiette chaude. Couvrir de viande et saupoudrer généreusement de graines de sésame.

Steak grillé

pour 4 personnes

1 lb/450 g de bœuf maigre, tranché

60 ml/4 cuillères à soupe de sauce soja

2 gousses d'ail, hachées finement

5 ml/1 cuillère à soupe de sel

2,5 ml/¬Ω cuillère à café de poivre fraîchement moulu

10 ml/2 cuillères à soupe de sucre

Mélangez tous les ingrédients et laissez tremper pendant 3 heures. Griller ou frire (rôtir) sur un gril chaud pendant environ 5 minutes de chaque côté.

boeuf cantonais

pour 4 personnes

30 ml/2 cuillères à soupe de farine de maïs (amidon de maïs)
2 blancs d'œufs battus
1 lb/450 g de steak, coupé en lanières
huile de friture
4 branches de céleri, tranchées
2 oignons, tranchés
60 ml/4 cuillères à soupe d'eau
20 ml/4 cuillères à soupe de sel
75 ml/5 cuillères à soupe de sauce soja
60 ml/4 cuillères à soupe de vin de riz ou de xérès sec
30 ml/2 cuillères à soupe de sucre
poivre fraîchement moulu

Mélangez la moitié de la semoule de maïs avec les blancs d'œufs. Ajouter le steak et remuer pour enrober la viande de pâte. Faites chauffer l'huile et faites frire le steak jusqu'à ce qu'il soit doré. Retirer de la poêle et égoutter sur du papier absorbant. Faites chauffer 15 ml/1 cuillère à soupe d'huile et faites revenir le céleri et l'oignon pendant 3 minutes. Ajouter la viande, l'eau, le sel, la sauce soja, le vin ou le xérès et le sucre et assaisonner de poivre.

Porter à ébullition et laisser mijoter en remuant jusqu'à ce que la sauce épaississe.

Veau à la carotte

pour 4 personnes

30 ml/2 cuillères à soupe d'huile d'arachide
1 lb/450 g de bœuf maigre en dés
2 oignons nouveaux (oignons verts), tranchés
2 gousses d'ail, hachées finement
1 tranche de racine de gingembre, hachée
250 ml/8 fl oz/1 tasse de sauce soja
30 ml/2 cuillères à soupe de vin de riz ou de xérès sec
30 ml/2 cuillères à soupe de cassonade
5 ml/1 cuillère à soupe de sel
Tasses d'eau de 600 ml/1 pt/2¬Ω
4 carottes, coupées en diagonale

Faites chauffer l'huile et faites frire la viande jusqu'à ce qu'elle soit légèrement dorée. Égoutter l'excès d'huile et ajouter l'oignon, l'ail, le gingembre et l'anis, cuire 2 minutes. Ajouter la sauce soja, le vin ou le xérès, le sucre et le sel et bien mélanger. Ajouter l'eau, porter à ébullition, couvrir et laisser mijoter 1 heure. Ajoutez les carottes, couvrez et laissez cuire encore 30 minutes.

Retirez le couvercle et laissez cuire jusqu'à ce que la sauce réduise.

Steak aux noix de cajou

pour 4 personnes

60 ml / 4 cuillères à soupe d'huile d'arachide

1 lb/450 g de surlonge, tranché finement

8 oignons nouveaux (oignons verts), coupés en morceaux

2 gousses d'ail, hachées finement

1 tranche de racine de gingembre, hachée

75 g/3 oz/¬chaque tasse de noix de cajou grillées

120 ml/4 fl oz/¬Ω tasse d'eau

20 ml / 4 cuillères à café de farine de maïs (amidon de maïs)

20 ml/4 cuillères à soupe de sauce soja

5 ml/1 cuillère à soupe d'huile de sésame

5 ml/1 cuillère à soupe de sauce aux huîtres

5 ml/1 cuillère à soupe de sauce piquante

Faites chauffer la moitié de l'huile et faites frire la viande jusqu'à ce qu'elle soit légèrement dorée. Retirer de la poêle. Faites chauffer le reste de l'huile et faites revenir les oignons nouveaux, l'ail, le gingembre et les noix de cajou pendant 1 minute. Remettez la viande dans la poêle. Mélangez le reste des ingrédients et incorporez le mélange dans la poêle. Porter à ébullition et laisser mijoter en remuant jusqu'à ce que le mélange épaississe.

Ragoût de bœuf à la mijoteuse

pour 4 personnes

30 ml/2 cuillères à soupe d'huile d'arachide
1 lb/450 g de ragoût de bœuf en dés
3 tranches de racine de gingembre, hachées
3 carottes, tranchées
1 navet, coupé en dés
15 ml/1 cuillère à soupe de dattes noires
15 ml/1 cuillère à soupe de graines de lotus
30 ml/2 cuillères à soupe de purée de tomates (pâte)
10 ml/2 cuillères à soupe de sel
900 ml/1¬Ω pts/3¬œ tasses de bouillon de bœuf
8 fl oz/250 ml/1 tasse de vin de riz ou de xérès sec

Faites chauffer l'huile dans une poêle ou une poêle épaisse et faites frire la viande jusqu'à ce qu'elle soit dorée de tous les côtés.

Steak au chou-fleur

pour 4 personnes

8 oz/225 g de fleurons de chou-fleur

huile de friture

8 oz/225 g de steak, coupé en lanières

50 g de pousses de bambou, coupées en lanières

10 châtaignes d'eau coupées en lanières

120 ml/4 fl oz/¬Ω tasse de bouillon de poulet

15 ml/1 cuillère à soupe de sauce soja

15 ml/1 cuillère à soupe de sauce aux huîtres

15 ml/1 cuillère à soupe de purée de tomates (pâte)

15 ml/1 cuillère à soupe de farine de maïs (amidon de maïs)

2,5 ml/¬Ω cuillère à café d'huile de sésame

Faites cuire le chou-fleur 2 minutes dans l'eau bouillante, puis égouttez-le. Faites chauffer l'huile et faites frire le chou-fleur jusqu'à ce qu'il soit légèrement doré. Retirer et égoutter sur du papier absorbant. Réchauffez l'huile et faites frire la viande jusqu'à ce qu'elle soit légèrement dorée, puis retirez-la et égouttez-la. Versez tout sauf 15 ml/1 cuillère à soupe d'huile et faites revenir les pousses de bambou et les châtaignes d'eau pendant 2 minutes. Ajouter le reste des ingrédients, porter à ébullition et laisser mijoter en remuant jusqu'à ce que la sauce épaississe. Remettez la viande et le chou-fleur dans la poêle et faites chauffer doucement. Sers immédiatement.

Veau au céleri

pour 4 personnes

100 g de céleri coupé en lanières
45 ml/3 cuillères à soupe d'huile d'arachide
2 oignons nouveaux (oignons verts), hachés
1 tranche de racine de gingembre, hachée
8 oz/225 g de bœuf maigre, coupé en lanières
30 ml/2 cuillères à soupe de sauce soja
30 ml/2 cuillères à soupe de vin de riz ou de xérès sec
2,5 ml/¬Ω cuillère à café de sucre
2,5 ml/¬Ω cuillère à café de sel

Blanchir le céleri dans l'eau bouillante pendant 1 minute, puis bien l'égoutter. Faites chauffer l'huile et faites revenir les oignons nouveaux et le gingembre jusqu'à ce qu'ils soient légèrement dorés. Ajoutez la viande et faites revenir 4 minutes. Ajouter le céleri et faire revenir 2 minutes. Ajoutez la sauce soja, le vin ou le xérès, le sucre et le sel et faites frire pendant 3 minutes.

Morceaux de rosbif au céleri

pour 4 personnes

30 ml/2 cuillères à soupe d'huile d'arachide

1 lb/450 g de bœuf maigre, coupé en lanières

3 branches de céleri, râpées

1 oignon, râpé

1 oignon (oignon), tranché

1 tranche de racine de gingembre, hachée

30 ml/2 cuillères à soupe de sauce soja

15 ml/1 cuillère à soupe de xérès sec ou de vin de riz

2,5 ml/¬Ω cuillère à café de sucre

2,5 ml/¬Ω cuillère à café de sel

10 ml / 2 cuillères à café de farine de maïs (amidon de maïs)

30 ml/2 cuillères à soupe d'eau

Faites chauffer la moitié de l'huile jusqu'à ce qu'elle soit très chaude et faites frire la viande pendant 1 minute jusqu'à ce qu'elle soit dorée. Retirer de la poêle. Faites chauffer le reste de l'huile et faites revenir le céleri, l'oignon, l'échalote et le gingembre jusqu'à ce qu'ils soient légèrement tendres. Remettez la viande dans la poêle avec la sauce soja, le vin ou le xérès, le sucre et le sel, portez à ébullition et laissez mijoter jusqu'à ce qu'elle soit chaude. Mélangez la farine de maïs et l'eau, mélangez dans la poêle et laissez cuire jusqu'à ce que la sauce épaississe. Sers immédiatement.

Bœuf effiloché au poulet et céleri

pour 4 personnes

4 champignons chinois séchés
45 ml/3 cuillères à soupe d'huile d'arachide
2 gousses d'ail, hachées finement
1 racine de gingembre tranchée
5 ml/1 cuillère à soupe de sel
4 oz/100 g de bœuf maigre, coupé en lanières
100 g de poulet coupé en lanières
2 carottes, coupées en lanières
2 branches de céleri, coupées en lanières
4 oignons nouveaux (oignons verts), coupés en lanières
5 ml/1 cuillère à café de sucre
5 ml/1 cuillère à soupe de sauce soja
5 ml/1 cuillère à soupe de vin de riz ou de xérès sec
45 ml/3 cuillères à soupe d'eau
5 ml/1 cuillère à café de farine de maïs (amidon de maïs)

Faites tremper les champignons dans l'eau tiède pendant 30 minutes, puis égouttez-les. Jetez les tiges et coupez les sommets. Faites chauffer l'huile et faites revenir l'ail, le gingembre et le sel jusqu'à ce qu'ils soient légèrement dorés. Ajouter le bœuf et le poulet et cuire jusqu'à ce qu'ils commencent à dorer. Ajouter le céleri, la ciboule, le sucre, la sauce soja, le vin ou le xérès et l'eau et porter à ébullition. Couvrir et cuire environ 15 minutes jusqu'à ce que la viande soit tendre. Mélangez la semoule de maïs avec un peu d'eau, incorporez-la à la sauce et laissez bouillir à feu doux en remuant jusqu'à ce que la sauce épaississe.

viande assaisonnée

pour 4 personnes

1 lb/450 g de surlonge, coupé en lanières
45 ml/3 cuillères à soupe de sauce soja
15 ml/1 cuillère à soupe de xérès sec ou de vin de riz
15 ml/1 cuillère à soupe de cassonade
15 ml/1 cuillère à soupe de racine de gingembre finement hachée
30 ml/2 cuillères à soupe d'huile d'arachide

50 g de pousses de bambou coupées en bâtonnets
1 oignon, coupé en lanières
1 céleri, coupé en bâtonnets
2 poivrons rouges épépinés et coupés en lanières
120 ml/4 fl oz/¬Ω tasse de bouillon de poulet
15 ml/1 cuillère à soupe de farine de maïs (amidon de maïs)

Placez le steak dans un bol. Mélangez la sauce soja, le vin ou le xérès, le sucre et le gingembre et mélangez-les au steak. Laisser mariner 1 heure. Retirez le steak de la marinade. Faites chauffer la moitié de l'huile et faites revenir les pousses de bambou, l'oignon, le céleri et le piment pendant 3 minutes, puis retirez-les de la poêle. Faites chauffer le reste de l'huile et faites frire le steak pendant 3 minutes. Ajouter la marinade, porter à ébullition et ajouter les légumes frits. Laisser mijoter en remuant pendant 2 minutes. Mélangez le bouillon et la farine de maïs et mettez-le dans la marmite. Porter à ébullition et laisser mijoter en remuant jusqu'à ce que la sauce soit claire et épaisse.

Steak au chou chinois

pour 4 personnes

8 oz/225 g de viande maigre

30 ml/2 cuillères à soupe d'huile d'arachide

350 g/12 oz de bok choy, râpé

120 ml/4 fl oz/¬Ω tasse de bouillon de bœuf

sel et poivre fraîchement moulu

10 ml / 2 cuillères à café de farine de maïs (amidon de maïs)

30 ml/2 cuillères à soupe d'eau

Coupez la viande en fines tranches à contre-courant. Faites chauffer l'huile et faites frire la viande jusqu'à ce qu'elle soit dorée. Ajouter le bok choy et faire revenir jusqu'à ce qu'il soit légèrement ramolli. Ajouter le bouillon, porter à ébullition et assaisonner de sel et de poivre. Couvrir et cuire 4 minutes jusqu'à ce que la viande soit tendre. Mélangez la farine de maïs et l'eau, mélangez dans la poêle et faites cuire à feu doux en remuant jusqu'à ce que la sauce épaississe.

Côtelette de bœuf Suey

pour 4 personnes

3 branches de céleri, tranchées
100 g de germes de soja
100 g de fleurons de brocoli
60 ml / 4 cuillères à soupe d'huile d'arachide
3 oignons nouveaux (oignons verts), hachés
2 gousses d'ail, hachées finement
1 tranche de racine de gingembre, hachée
8 oz/225 g de bœuf maigre, coupé en lanières
45 ml/3 cuillères à soupe de sauce soja
15 ml/1 cuillère à soupe de xérès sec ou de vin de riz
5 ml/1 cuillère à soupe de sel
2,5 ml/¬Ω cuillère à café de sucre

poivre fraîchement moulu
15 ml/1 cuillère à soupe de farine de maïs (amidon de maïs)

Blanchir le céleri, les germes de soja et le brocoli dans l'eau bouillante pendant 2 minutes, égoutter et sécher. Faites chauffer 45 ml/3 cuillères à soupe d'huile et faites revenir l'oignon, l'ail et le gingembre jusqu'à ce qu'ils soient légèrement dorés. Ajoutez la viande et faites revenir 4 minutes. Retirer de la poêle. Faites chauffer le reste de l'huile et faites revenir les légumes pendant 3 minutes. Ajoutez la viande, la sauce soja, le vin ou le xérès, le sel, le sucre et une pincée de poivre et faites revenir 2 minutes. Mélangez la farine de maïs avec un peu d'eau, mélangez-la dans la casserole et laissez bouillir à feu doux en remuant jusqu'à ce que la sauce soit claire et épaisse.

Boeuf au concombre

pour 4 personnes
1 lb/450 g de surlonge, tranché finement
45 ml/3 cuillères à soupe de sauce soja

30 ml/2 cuillères à soupe de farine de maïs (amidon de maïs)

60 ml / 4 cuillères à soupe d'huile d'arachide

2 concombres pelés, épépinés et tranchés

60 ml/4 cuillères à soupe de bouillon de poulet

30 ml/2 cuillères à soupe de vin de riz ou de xérès sec

sel et poivre fraîchement moulu

Placez le steak dans un bol. Mélangez la sauce soja et la farine de maïs et incorporez le steak. Laisser mariner 30 minutes. Faites chauffer la moitié de l'huile et faites revenir les concombres pendant 3 minutes jusqu'à ce qu'ils soient opaques, puis retirez-les de la poêle. Faites chauffer le reste de l'huile et faites frire le steak jusqu'à ce qu'il soit doré. Ajouter les concombres et faire revenir 2 minutes. Ajoutez du bouillon, du vin ou du xérès et assaisonnez de sel et de poivre. Portez à ébullition, couvrez et laissez mijoter 3 minutes.

chow mein au bœuf

pour 4 personnes

750 g/1 ½ lb de filet mignon

2 oignons

45 ml/3 cuillères à soupe de sauce soja

45 ml/3 cuillères à soupe de vin de riz ou de xérès sec

15 ml/1 cuillère à soupe de beurre de cacahuète

5 ml/1 cuillère à soupe de jus de citron

350 g de nouilles aux œufs

60 ml / 4 cuillères à soupe d'huile d'arachide

175 ml de bouillon de poulet

15 ml/1 cuillère à soupe de farine de maïs (amidon de maïs)

30 ml/2 cuillères à soupe de sauce aux huîtres

4 oignons nouveaux (oignons verts), hachés

3 branches de céleri, tranchées

100 g de champignons émincés

1 poivron vert, coupé en lanières

100 g de germes de soja

Coupez et retirez le gras de la viande. Coupez le grain en fines tranches. Coupez l'oignon en cubes et séparez les couches. Mélangez 15 ml/1 cuillère à soupe de sauce soja avec 15 ml/1 cuillère à soupe de vin ou de xérès, du beurre de cacahuète et du jus de citron. Ajouter la viande, couvrir et laisser reposer 1 heure. Cuire les nouilles dans l'eau bouillante pendant environ 5 minutes ou jusqu'à ce qu'elles soient tendres. Bien égoutter. Faites chauffer 15 ml/1 cuillère à soupe d'huile, ajoutez 15 ml/1 cuillère à soupe de sauce soja et les nouilles et faites frire pendant 2 minutes jusqu'à ce qu'elles soient légèrement dorées. Transférer dans une assiette chaude pour servir.

Mélangez le reste de la sauce soja et le vin ou le xérès avec le bouillon, la farine de maïs et la sauce d'huîtres. Faites chauffer 15 ml/1 cuillère à soupe d'huile et faites revenir l'oignon pendant 1 minute. Ajoutez le céleri, les champignons, le poivre et les germes de soja et faites revenir 2 minutes. Retirer du wok. Faites chauffer le reste de l'huile et faites frire la viande jusqu'à ce qu'elle soit dorée. Ajouter le mélange de bouillon, porter à ébullition, couvrir et laisser mijoter 3 minutes. Remettez les légumes dans le wok et laissez-les bouillir en remuant pendant environ 4 minutes jusqu'à ce qu'ils soient chauds. Versez le mélange sur les nouilles et servez.

steak de concombre

pour 4 personnes

450 g de filet mignon

10 ml / 2 cuillères à café de farine de maïs (amidon de maïs)

10 ml/2 cuillères à soupe de sel

2,5 ml/½ cuillère à café de poivre fraîchement moulu

90 ml/6 cuillères à soupe d'huile d'arachide

1 oignon, finement haché

1 concombre, pelé et tranché

120 ml/4 fl oz/½ tasse de bouillon de bœuf

Coupez le steak en lanières puis en fines tranches à contre-courant. Mettez dans un bol et ajoutez la farine de maïs, le sel, le poivre et la moitié de l'huile. Laisser mariner 30 minutes. Faites chauffer le reste de l'huile et faites revenir la viande et l'oignon jusqu'à ce qu'ils soient légèrement dorés. Ajouter les concombres et le bouillon, porter à ébullition, couvrir et laisser mijoter 5 minutes.

Curry de bœuf au four

pour 4 personnes

45 ml/3 cuillères à soupe de beurre

15 ml/1 cuillère à soupe de poudre de curry

45 ml/3 cuillères à soupe de farine nature (tout usage)

375 ml/13 fl oz/1½ tasses de lait

15 ml/1 cuillère à soupe de sauce soja

sel et poivre fraîchement moulu

1 lb/450 g de bœuf cuit, haché

100 g de petits pois

2 carottes, hachées

2 oignons, hachés

8 oz/225 g de riz à grains longs cuit, chaud

1 œuf dur (dur), tranché

Faire fondre le beurre, ajouter le curry et la farine et cuire 1 minute. Ajouter le lait et la sauce soja, porter à ébullition et laisser mijoter en remuant pendant 2 minutes. Assaisonnez avec du sel et du poivre. Ajouter la viande, les pois, la carotte et l'oignon et bien mélanger pour enrober de sauce. Ajouter le riz, puis transférer le mélange sur une plaque à pâtisserie et rôtir dans un four préchauffé à 200 °C/400 °F/thermostat 6 pendant 20 minutes jusqu'à ce que les légumes soient tendres. Servir décoré de tranches d'œuf dur.

ormeau mariné

pour 4 personnes

Boîte de 1 lb/450 g d'ormeau

45 ml/3 cuillères à soupe de sauce soja

30 ml/2 cuillères à soupe de vinaigre de vin

5 ml/1 cuillère à café de sucre

quelques gouttes d'huile de sésame

Égouttez l'ormeau et coupez-le en fines tranches ou en lanières. Mélangez le reste des ingrédients, versez sur l'ormeau et mélangez bien. Couvrir et réfrigérer 1 heure.

Pousses de bambou cuites

pour 4 personnes

60 ml / 4 cuillères à soupe d'huile d'arachide
8 oz/225 g de pousses de bambou, coupées en lanières
60 ml/4 cuillères à soupe de bouillon de poulet
15 ml/1 cuillère à soupe de sauce soja
5 ml/1 cuillère à café de sucre
5 ml/1 cuillère à soupe de vin de riz ou de xérès sec

Faites chauffer l'huile et faites frire les pousses de bambou pendant 3 minutes. Mélangez le bouillon, la sauce soja, le sucre et le vin ou le xérès et ajoutez-les à la poêle. Couvrir et laisser mijoter 20 minutes. Laisser refroidir et réfrigérer avant de servir.

poulet au concombre

pour 4 personnes

1 concombre, pelé et épépiné

8 oz/225 g de poulet cuit, râpé

5 ml/1 cuillère à soupe de moutarde en poudre

2,5 ml/½ cuillère à café de sel

30 ml/2 cuillères à soupe de vinaigre de vin

Coupez le concombre en lanières et placez-le sur une assiette plate pour servir. Disposez le poulet dessus. Mélangez la moutarde, le sel et le vinaigre de vin et versez sur le poulet juste avant de servir.

poulet au sésame

pour 4 personnes

350 g de poulet cuit
120 ml/4 fl oz/¬Ω tasse d'eau
5 ml/1 cuillère à soupe de moutarde en poudre
15 ml/1 cuillère à soupe de graines de sésame
2,5 ml/¬Ω cuillère à café de sel
une pincée de sucre
45 ml/3 cuillères à soupe de coriandre fraîche hachée
5 oignons nouveaux (oignons verts), hachés
¬Ω laitue, râpée

Râpez le poulet en fines lanières. Mélangez suffisamment d'eau à la moutarde pour obtenir une pâte lisse et mélangez-la au poulet. Faites griller les graines de sésame dans une poêle sèche jusqu'à ce qu'elles soient légèrement dorées, puis ajoutez-les au poulet et saupoudrez de sel et de sucre. Ajoutez la moitié du persil et de l'oignon et mélangez bien. Disposer la salade sur une assiette de service, garnir du mélange de poulet et garnir du reste de persil.

Litchi au gingembre

pour 4 personnes

1 grosse pastèque, coupée en deux et égouttée

1 lb/450 g de litchis, égouttés

5 cm / 2 de tige de gingembre, coupée en tranches

quelques feuilles de menthe

Remplissez les moitiés de melon de litchi et de gingembre, décorez de feuilles de menthe. Refroidir avant de servir.

Ailes de poulet rouges au four

pour 4 personnes

8 ailes de poulet

2 oignons nouveaux (oignons verts), hachés

75 ml/5 cuillères à soupe de sauce soja

120 ml/4 fl oz/¬Ω tasse d'eau

30 ml/2 cuillères à soupe de cassonade

Coupez et jetez les extrémités des cuisses des ailes de poulet et coupez-les en deux. Mettez dans une casserole avec le reste des ingrédients, portez à ébullition, couvrez et laissez bouillir 30 minutes. Retirez le couvercle et poursuivez la cuisson encore 15 minutes en arrosant régulièrement. Laisser refroidir et réfrigérer avant de servir.

Chair de crabe au concombre

pour 4 personnes

100 g de chair de crabe émiettée
2 concombres pelés et râpés
1 tranche de racine de gingembre, hachée
15 ml/1 cuillère à soupe de sauce soja
30 ml/2 cuillères à soupe de vinaigre de vin
5 ml/1 cuillère à café de sucre
quelques gouttes d'huile de sésame

Placer la chair de crabe et les concombres dans un bol. Mélanger le reste des ingrédients, verser le mélange de chair de crabe et bien mélanger. Couvrir et réfrigérer 30 minutes avant de servir.

le champignon mariné

pour 4 personnes

8 oz/225 g de champignons

30 ml/2 cuillères à soupe de sauce soja

15 ml/1 cuillère à soupe de xérès sec ou de vin de riz

une pincée de sel

quelques gouttes de sauce Tabasco

quelques gouttes d'huile de sésame

Faites blanchir les champignons dans l'eau bouillante pendant 2 minutes, puis égouttez-les et séchez-les. Mettez dans un bol et versez sur le reste des ingrédients. Bien mélanger et réfrigérer avant de servir.

Champignons à l'ail marinés

pour 4 personnes

8 oz/225 g de champignons

3 gousses d'ail, hachées finement

30 ml/2 cuillères à soupe de sauce soja

30 ml/2 cuillères à soupe de vin de riz ou de xérès sec

15 ml/1 cuillère à soupe d'huile de sésame

une pincée de sel

Mettez les champignons et l'ail dans une passoire, versez de l'eau bouillante et laissez reposer 3 minutes. Nettoyer et bien sécher. Mélangez le reste des ingrédients, versez la marinade sur les champignons et laissez mariner 1 heure.

Crevettes et chou-fleur

pour 4 personnes

8 oz/225 g de fleurons de chou-fleur
100 g de crevettes décortiquées
15 ml/1 cuillère à soupe de sauce soja
5 ml/1 cuillère à soupe d'huile de sésame

Cuire partiellement le chou-fleur pendant environ 5 minutes, jusqu'à ce qu'il soit tendre mais encore croustillant. Mélanger avec les crevettes, saupoudrer de sauce soja et d'huile de sésame et mélanger. Refroidir avant de servir.

Bâtonnets de jambon au sésame

pour 4 personnes

8 oz/225 g de jambon, coupé en lanières

10 ml/2 cuillères à soupe de sauce soja

2,5 ml/½ cuillère à café d'huile de sésame

Disposez le jambon dans une assiette. Mélangez la sauce soja et l'huile de sésame, saupoudrez de jambon et servez.

tofu froid

pour 4 personnes

1 livre/450 g de tofu, tranché

45 ml/3 cuillères à soupe de sauce soja

45 ml/3 cuillères à soupe d'huile d'arachide

poivre fraîchement moulu

Placer le tofu, quelques tranches à la fois, dans une passoire et placer dans l'eau bouillante pendant 40 secondes, égoutter et disposer sur une assiette. Laisser refroidir. Mélangez la sauce soja et l'huile, saupoudrez de tofu et servez saupoudré de poivre.

Poulet au bacon

pour 4 personnes

8 oz/225 g de poulet, tranché très finement
75 ml/5 cuillères à soupe de sauce soja
15 ml/1 cuillère à soupe de xérès sec ou de vin de riz
1 gousse d'ail, écrasée
15 ml/1 cuillère à soupe de cassonade
5 ml/1 cuillère à soupe de sel
5 ml/1 cuillère à café de racine de gingembre hachée
8 oz/225 g de bacon maigre en dés
100 g de châtaignes d'eau coupées en tranches très fines
30 ml/2 cuillères à soupe de miel

Placez le poulet dans le bol. Mélanger 45 ml/3 cuillères à soupe de sauce soja avec le vin ou le xérès, l'ail, le sucre, le sel et le gingembre, verser sur le poulet et laisser mariner pendant env. 3 heures Disposez le poulet, les lardons et les marrons sur les brochettes de kebab. Mélangez le reste de la sauce soja avec le miel et badigeonnez les brochettes. Griller (rôtir) sous le gril chaud pendant env. 10 minutes jusqu'à ce qu'ils soient bien cuits, en les retournant souvent et en les badigeonnant de glaçage pendant la cuisson.

Frites de poulet et banane

pour 4 personnes

2 poitrines de poulet cuites

2 bananes fermes

6 tranches de pain

4 œufs

120 ml/4 fl oz/¬Ω tasse de lait

50 g/2 oz/¬Ω tasse de farine nature (tout usage)

8 oz/225 g/4 tasses de chapelure fraîche

huile de friture

Coupez le poulet en 24 morceaux. Épluchez les bananes et coupez-les en quartiers dans le sens de la longueur. Coupez chaque quartier en trois pour obtenir 24 morceaux. Retirez la croûte du pain et divisez-la en quatre. Battez les œufs et le lait et peignez un côté du pain. Placez un morceau de poulet et un morceau de banane sur le côté recouvert d'œufs de chaque pain. Saupoudrez légèrement les carrés de farine, puis plongez-les dans l'œuf et recouvrez-les de chapelure. Repassez l'œuf et les râpes. Faites chauffer l'huile et faites frire quelques carrés à la fois jusqu'à ce qu'ils soient dorés. Égoutter sur du papier absorbant avant de servir.

Poulet au gingembre et champignons

pour 4 personnes

8 oz/225 g de filets de poitrine de poulet

5 ml/1 cuillère à café de poudre de cinq épices

15 ml/1 cuillère à soupe de farine nature (tout usage)

120 ml/4 fl oz/¬Ω tasse d'huile d'arachide

4 échalotes, coupées en deux

1 gousse d'ail, tranchée

1 tranche de racine de gingembre, hachée

25 g/1 oz/¬° tasse de noix de cajou

5 ml/1 cuillère à soupe de miel

15 ml/1 cuillère à soupe de farine de riz

75 ml/5 cuillères à soupe de vin de riz ou de xérès sec

100 g de champignons en un quart

2,5 ml/¬Ω cuillère à café de curcuma

6 piments jaunes, coupés en deux

5 ml/1 cuillère à soupe de sauce soja

¬Ω jus de citron

sel et poivre

4 feuilles de laitue croustillante

Coupez la poitrine de poulet en diagonale dans le sens du grain en fines lanières. Saupoudrer de poudre aux cinq épices et enrober légèrement de farine. Faites chauffer 15 ml/1 cuillère à soupe d'huile et faites frire le poulet jusqu'à ce qu'il soit doré. Retirer de la poêle. Faites chauffer un peu plus d'huile et faites revenir les échalotes, l'ail, le gingembre et les noix de cajou pendant 1 minute. Ajoutez le miel et remuez jusqu'à ce que les légumes soient enrobés. Saupoudrez de farine puis ajoutez du vin ou du xérès. Ajouter les champignons, le curcuma et le piment et cuire 1 minute. Ajouter le poulet, la sauce soja, la moitié du jus de citron, le sel et le poivre et faire chauffer. Retirer de la poêle et réserver au chaud. Faites chauffer un peu plus d'huile, ajoutez les feuilles de salade et faites revenir rapidement, assaisonnez avec du sel, du poivre et le reste du jus de citron vert.

poulet et jambon

pour 4 personnes

8 oz/225 g de poulet, tranché très finement
75 ml/5 cuillères à soupe de sauce soja
15 ml/1 cuillère à soupe de xérès sec ou de vin de riz
15 ml/1 cuillère à soupe de cassonade
5 ml/1 cuillère à café de racine de gingembre hachée
1 gousse d'ail, écrasée
8 oz/225 g de jambon cuit, coupé en dés
30 ml/2 cuillères à soupe de miel

Placez le poulet dans un bol avec 45 ml/3 cuillères à soupe de sauce soja, du vin ou du xérès, du sucre, du gingembre et de l'ail. Laisser mariner 3 heures. Enfilez le poulet et le jambon sur les brochettes de kebab. Mélangez le reste de la sauce soja avec le miel et badigeonnez les brochettes. Griller (rôtir) sous le gril chaud pendant env. 10 minutes, en les retournant souvent et en les peignant avec le glaçage pendant la cuisson.

Foie de poulet grillé

pour 4 personnes

450 g de foie de poulet

45 ml/3 cuillères à soupe de sauce soja

15 ml/1 cuillère à soupe de xérès sec ou de vin de riz

15 ml/1 cuillère à soupe de cassonade

5 ml/1 cuillère à soupe de sel

5 ml/1 cuillère à café de racine de gingembre hachée

1 gousse d'ail, écrasée

Cuire les foies de volaille 2 minutes dans l'eau bouillante et bien les égoutter. Mettre dans un bol avec tous les ingrédients restants sauf l'huile et laisser mariner environ 3 heures. Enfiler les foies de volaille sur des brochettes de kebab et les faire griller sous le grill chaud pendant env. 8 minutes jusqu'à ce qu'ils soient dorés.

Quenelles de crabe aux châtaignes d'eau

pour 4 personnes

1 livre/450 g de chair de crabe, hachée
100 g de châtaignes d'eau hachées
1 gousse d'ail, écrasée
1 cm/¬Ω racine de gingembre tranchée, hachée
45 ml/3 cuillères à soupe de farine de maïs (amidon de maïs)
30 ml/2 cuillères à soupe de sauce soja
15 ml/1 cuillère à soupe de xérès sec ou de vin de riz
5 ml/1 cuillère à soupe de sel
5 ml/1 cuillère à café de sucre
3 oeufs battus
huile de friture

Mélanger tous les ingrédients sauf l'huile et former des boules. Faites chauffer l'huile et faites frire les boulettes de crabe jusqu'à ce qu'elles soient dorées. Bien égoutter avant de servir.

dim sum

pour 4 personnes

100 g de crevettes, pelées et hachées

8 oz/225 g de porc maigre, finement haché

50 g de bok choy finement haché

3 oignons nouveaux (oignons verts), hachés

1 oeuf battu

30 ml/2 cuillères à soupe de farine de maïs (amidon de maïs)

10 ml/2 cuillères à soupe de sauce soja

5 ml/1 cuillère à soupe d'huile de sésame

5 ml/1 cuillère à soupe de sauce aux huîtres

24 peaux de wonton

huile de friture

Incorporer les crevettes, le porc, le chou et les oignons nouveaux. Mélanger les œufs, la semoule de maïs, la sauce soja, l'huile de sésame et la sauce aux huîtres. Placez des cuillerées du mélange au centre de chaque peau de wonton. Appuyez doucement sur les emballages autour de la garniture, en rapprochant les bords mais en laissant le dessus ouvert. Faites chauffer l'huile et faites frire les dim sum petit à petit jusqu'à ce qu'ils soient dorés. Bien égoutter et servir chaud.

Rouleaux de jambon et de poulet

pour 4 personnes

2 poitrines de poulet

1 gousse d'ail, écrasée

2,5 ml/¬Ω cuillère à café de sel

2,5 ml/¬Ω cuillère à café de poudre aux cinq épices

4 tranches de jambon cuit

1 oeuf battu

30 ml/2 cuillères à soupe de lait

25 g/1 oz/¬° tasse de farine nature (tout usage)

4 peaux de nems

huile de friture

Coupez les poitrines de poulet en deux. Mélangez-les jusqu'à ce qu'ils soient très fins. Mélangez l'ail, le sel et la poudre de 5 épices et saupoudrez sur le poulet. Placez une tranche de jambon sur chaque morceau de poulet et roulez-le bien. Mélangez les œufs et le lait. Enrobez légèrement les morceaux de poulet de farine, puis trempez-les dans le mélange d'œufs. Placer chaque morceau sur la peau du nem et badigeonner les bords d'œuf battu. Replier les côtés et rouler en pinçant les bords pour sceller.

Faites chauffer l'huile et faites frire les petits pains pendant environ 5 minutes jusqu'à ce qu'ils soient dorés.

brunir et cuire. Égoutter sur du papier absorbant et couper en tranches épaisses en diagonale pour servir.

Empanadas au jambon au four

pour 4 personnes

350 g/12 oz/3 tasses de farine nature (tout usage)
175 g/6 oz/¬chaque tasse de beurre
120 ml/4 fl oz/¬Ω tasse d'eau
8 oz/225 g de jambon haché
100 g de pousses de bambou hachées
2 oignons nouveaux (oignons verts), hachés
15 ml/1 cuillère à soupe de sauce soja
30 ml/2 cuillères à soupe de graines de sésame

Mettez la farine dans un bol et incorporez le beurre. Incorporer l'eau pour faire une pâte. Abaisser la pâte et découper des cercles de 5 cm/2. Mélangez tous les ingrédients restants sauf les graines de sésame et placez une cuillère à soupe dans chaque cercle. Peignez les bords de la pâte avec de l'eau et scellez. Badigeonner l'extérieur d'eau et saupoudrer de graines de sésame. Cuire au four préchauffé à 180 ¬∞C/350 ¬∞F/thermostat 4 pendant 30 minutes.

Poisson pseudo-fumé

pour 4 personnes

1 bar

3 tranches de racine de gingembre, tranchées

1 gousse d'ail, écrasée

1 oignon (oignon vert), tranché épaisse

75 ml/5 cuillères à soupe de sauce soja

30 ml/2 cuillères à soupe de vin de riz ou de xérès sec

2,5 ml/½ cuillère à café d'anis moulu

2,5 ml/½ cuillère à café d'huile de sésame

10 ml/2 cuillères à soupe de sucre

120 ml/4 fl oz/½ tasse de bouillon

huile de friture

5 ml/1 cuillère à café de farine de maïs (amidon de maïs)

Parez le poisson et coupez-le en tranches de 5 mm (¼ po) dans le sens contraire du grain. Mélangez le gingembre, l'ail, l'oignon, 60 ml/4 cuillères à soupe de sauce soja, le xérès, l'anis et l'huile de sésame. Versez le poisson et remuez délicatement. Laisser poser 2 heures en retournant de temps en temps.

Versez la marinade dans une poêle et séchez le poisson sur du papier absorbant. Ajouter le sucre, le bouillon et le reste de la sauce soja

marinade, porter à ébullition et laisser mijoter 1 minute. Si la sauce doit épaissir, mélangez la semoule de maïs avec un peu d'eau froide, incorporez-la à la sauce et laissez mijoter en remuant jusqu'à ce que la sauce épaississe.

Pendant ce temps, faites chauffer l'huile et faites frire le poisson jusqu'à ce qu'il soit doré. Bien égoutter. Trempez les morceaux de poisson dans la marinade et placez-les sur une assiette chaude. Servir chaud ou froid.

Champignons farcis

pour 4 personnes

12 grosses têtes de champignons séchés

8 oz/225 g de chair de crabe

3 châtaignes d'eau hachées

2 oignons nouveaux (oignons verts), finement hachés

1 blanc d'oeuf

15 ml/1 cuillère à soupe de farine de maïs (amidon de maïs)

15 ml/1 cuillère à soupe de sauce soja

15 ml/1 cuillère à soupe de xérès sec ou de vin de riz

Faire tremper les champignons dans l'eau tiède toute la nuit. essorer Mélangez le reste des ingrédients et utilisez-le pour remplir les chapeaux de champignons. Placer sur une grille à vapeur et cuire 40 minutes. Servir chaud.

Champignons à la sauce d'huîtres

pour 4 personnes

10 champignons chinois séchés
250 ml/8 fl oz/1 tasse de bouillon de bœuf
15 ml/1 cuillère à soupe de farine de maïs (amidon de maïs)
30 ml/2 cuillères à soupe de sauce aux huîtres
5 ml/1 cuillère à soupe de vin de riz ou de xérès sec

Faire tremper les champignons dans l'eau tiède pendant 30 minutes, puis égoutter en réservant 250 ml/1 tasse de liquide de trempage. Jetez les tiges. Mélangez 60 ml/4 cuillères à soupe de bouillon de bœuf avec de la semoule de maïs jusqu'à obtenir une pâte. Faire bouillir le reste du bouillon de bœuf avec les champignons et le liquide des champignons, couvrir et cuire 20 minutes. Retirez les champignons du liquide avec une écumoire et placez-les sur une assiette de service chaude. Ajouter la sauce aux huîtres et le xérès dans la poêle et cuire à feu doux en remuant pendant 2 minutes. Ajouter la pâte de maïs et laisser mijoter en remuant jusqu'à ce que la sauce épaississe. Versez sur les champignons et servez aussitôt.

Rouleaux de porc et salade

pour 4 personnes

4 champignons chinois séchés
15 ml/1 cuillère à soupe d'huile d'arachide
8 oz/225 g de porc maigre, émincé
100 g de pousses de bambou hachées
100 g de châtaignes d'eau hachées
4 oignons nouveaux (oignons verts), hachés
6 oz/175 g de chair de crabe, en flocons
30 ml/2 cuillères à soupe de vin de riz ou de xérès sec
15 ml/1 cuillère à soupe de sauce soja
10 ml/2 cuillères à soupe de sauce aux huîtres
10 ml/2 cuillères à café d'huile de sésame
9 feuilles chinoises

Faites tremper les champignons dans l'eau tiède pendant 30 minutes, puis égouttez-les. Jetez les tiges et coupez les sommets. Faites chauffer l'huile et faites revenir le porc pendant 5 minutes. Ajoutez les champignons, les pousses de bambou, les châtaignes d'eau, les oignons nouveaux et la chair de crabe et faites revenir 2 minutes. Mélangez le vin ou le xérès, la sauce soja, la sauce aux huîtres et l'huile de sésame et mélangez dans la poêle. Sortez du feu. Pendant ce temps, blanchissez les feuilles de chinois dans l'eau bouillante pendant 1 minute puis

drainage Versez le mélange de porc au centre de chaque feuille, pliez les côtés, puis roulez pour servir.

Boulettes de porc et châtaignes

pour 4 personnes

1 livre / 450 g de porc haché (haché)
50 g de champignons finement hachés
50 g de châtaignes d'eau hachées finement
1 gousse d'ail, écrasée
1 oeuf battu
30 ml/2 cuillères à soupe de sauce soja
15 ml/1 cuillère à soupe de xérès sec ou de vin de riz
5 ml/1 cuillère à café de racine de gingembre hachée
5 ml/1 cuillère à café de sucre
Sal
30 ml/2 cuillères à soupe de farine de maïs (amidon de maïs)
huile de friture

Mélangez tous les ingrédients sauf la semoule de maïs et formez des boules avec le mélange. Rouler dans la farine de maïs. Faites chauffer l'huile et faites frire les boulettes de viande pendant environ 10 minutes jusqu'à ce qu'elles soient dorées. Bien égoutter avant de servir.

boulettes de porc

Il sert 4.Äì6

1 lb/450 g de farine nature (tout usage)
500 ml/17 fl oz/2 tasses d'eau
1 lb/450 g de porc cuit, haché
8 oz/225 g de crevettes décortiquées, hachées
4 branches de céleri, hachées
15 ml/1 cuillère à soupe de sauce soja
15 ml/1 cuillère à soupe de xérès sec ou de vin de riz
15 ml/1 cuillère à soupe d'huile de sésame
5 ml/1 cuillère à soupe de sel
2 oignons nouveaux (oignons verts), finement hachés
2 gousses d'ail, hachées finement
1 tranche de racine de gingembre, hachée

Mélanger la farine et l'eau jusqu'à obtenir une masse homogène et bien pétrir. Couvrir et laisser reposer 10 minutes. Abaisser la pâte le plus finement possible et découper des cercles de 5 cm/2. Mélangez tous les ingrédients restants. Déposez des cuillerées du mélange dans chaque cercle, humidifiez les bords et pressez en demi-cercle. Faites bouillir une casserole d'eau, puis déposez délicatement les boulettes de viande dans l'eau.

Boulettes de porc et de boeuf

pour 4 personnes

100 g de porc haché (haché)
100 g de viande hachée (hachée)
1 tranche de bacon, râpé (moulu)
15 ml/1 cuillère à soupe de sauce soja
sel et poivre
1 oeuf battu
30 ml/2 cuillères à soupe de farine de maïs (amidon de maïs)
huile de friture

Mélangez la viande hachée et le bacon et assaisonnez de sel et de poivre. Mélangez avec l'œuf, formez des boules de la taille d'une noix et saupoudrez de semoule de maïs. Faites chauffer l'huile et faites-la revenir dorée. Bien égoutter avant de servir.

Crevette papillon

pour 4 personnes

450 g de grosses crevettes décortiquées
15 ml/1 cuillère à soupe de sauce soja
5 ml/1 cuillère à soupe de vin de riz ou de xérès sec
5 ml/1 cuillère à café de racine de gingembre hachée
2,5 ml/½ cuillère à café de sel
2 oeufs battus
30 ml/2 cuillères à soupe de farine de maïs (amidon de maïs)
15 ml/1 cuillère à soupe de farine nature (tout usage)
huile de friture

Coupez les crevettes au milieu de la longe et répartissez-les en forme de papillon. Mélangez la sauce soja, le vin ou le xérès, le gingembre et le sel. Versez les crevettes et laissez mariner 30 minutes. Retirer de la marinade et sécher. Battre l'œuf avec la fécule de maïs et la farine jusqu'à obtenir une pâte et tremper les crevettes dans la pâte. Faites chauffer l'huile et faites frire les crevettes jusqu'à ce qu'elles soient dorées. Bien égoutter avant de servir.

Crevettes chinoises

pour 4 personnes

450 g de crevettes non décortiquées
30 ml/2 cuillères à soupe de sauce Worcestershire
15 ml/1 cuillère à soupe de sauce soja
15 ml/1 cuillère à soupe de xérès sec ou de vin de riz
15 ml/1 cuillère à soupe de cassonade

Mettez les crevettes dans un bol. Mélangez le reste des ingrédients, versez sur les crevettes et laissez mariner 30 minutes. Transférer sur une plaque à pâtisserie et cuire au four préchauffé à 150 ¬∞C/300 ¬∞F/thermostat 2 pendant 25 minutes. Servir chaud ou froid dans des coquilles pour que les invités puissent les éplucher eux-mêmes.

Craquelins aux crevettes

pour 4 personnes

100 g de crackers aux crevettes

huile de friture

Faites chauffer l'huile jusqu'à ce qu'elle soit très chaude. Ajoutez une poignée de craquelins de crevettes à la fois et faites cuire quelques secondes jusqu'à ce qu'ils soient gonflés. Retirez l'huile et égouttez-la sur du papier absorbant pendant que vous continuez à cuire les biscuits.

Crevettes croustillantes

pour 4 personnes

450 g de crevettes tigrées décortiquées

15 ml/1 cuillère à soupe de xérès sec ou de vin de riz

10 ml/2 cuillères à soupe de sauce soja

5 ml/1 cuillère à café de poudre de cinq épices

sel et poivre

90 ml/6 cuillères à soupe de farine de maïs (amidon de maïs)

2 oeufs battus

4 oz/100 g de chapelure

huile d'arachide pour la friture

Mélangez les crevettes avec le vin ou le xérès, la sauce soja et la poudre de cinq épices et assaisonnez de sel et de poivre. Passez-les dans la semoule de maïs, puis dans l'œuf battu et la chapelure. Faire frire dans beaucoup d'huile chaude pendant quelques minutes jusqu'à ce qu'ils soient légèrement dorés, égoutter et servir immédiatement.

Crevettes sauce gingembre

pour 4 personnes

15 ml/1 cuillère à soupe de sauce soja
5 ml/1 cuillère à soupe de vin de riz ou de xérès sec
5 ml/1 cuillère à soupe d'huile de sésame
450 g de crevettes décortiquées
30 ml/2 cuillères à soupe de persil frais haché
15 ml/1 cuillère à soupe de vinaigre de vin
5 ml/1 cuillère à café de racine de gingembre hachée

Mélangez la sauce soja, le vin ou le xérès et l'huile de sésame. Versez les crevettes, couvrez et laissez mariner 30 minutes. Griller les crevettes quelques minutes jusqu'à ce qu'elles soient bien cuites et verser sur la marinade. Pendant ce temps, mélangez le persil, le vinaigre de vin et le gingembre pour les crevettes.

Rouleaux de crevettes et nouilles

pour 4 personnes

2 oz/50 g de nouilles aux œufs, coupées en morceaux
15 ml/1 cuillère à soupe d'huile d'arachide
2 oz/50 g de porc maigre, finement haché
100 g de champignons hachés
3 oignons nouveaux (oignons verts), hachés
100 g de crevettes, pelées et hachées
15 ml/1 cuillère à soupe de xérès sec ou de vin de riz
sel et poivre
24 peaux de wonton
1 oeuf battu
huile de friture

Faites cuire les nouilles dans l'eau bouillante pendant 5 minutes, égouttez-les et hachez-les. Faites chauffer l'huile et faites revenir le porc pendant 4 minutes. Ajouter les champignons et les oignons et faire revenir 2 minutes, puis retirer du feu. Mélangez les crevettes, le vin ou le xérès et les nouilles et assaisonnez de sel et de poivre. Placer des cuillerées du mélange au centre de chaque peau de wonton et badigeonner les bords d'œuf battu.

Pliez les bords, puis enroulez les emballages et scellez les bords. Faites chauffer l'huile et faites frire les petits pains.

quelques-uns à la fois pendant environ 5 minutes jusqu'à ce qu'ils soient dorés. Égoutter sur du papier absorbant avant de servir.

Toasts aux crevettes

pour 4 personnes

2 œufs 450 g de crevettes décortiquées, hachées
15 ml/1 cuillère à soupe de farine de maïs (amidon de maïs)
1 oignon, finement haché
30 ml/2 cuillères à soupe de sauce soja
15 ml/1 cuillère à soupe de xérès sec ou de vin de riz
5 ml/1 cuillère à soupe de sel
5 ml/1 cuillère à café de racine de gingembre hachée
8 tranches de pain coupées en triangles
huile de friture

Mélangez 1 œuf avec tous les autres ingrédients, sauf le pain et l'huile. Versez le mélange sur les triangles de pain et pressez en forme de dôme. Badigeonner du reste de l'œuf. Réchauffer env. 5 cm d'huile et faire revenir les triangles de pain jusqu'à ce qu'ils soient dorés. Bien égoutter avant de servir.

Wontons de porc et crevettes avec sauce aigre-douce

pour 4 personnes

120 ml/4 fl oz/¬Ω tasse d'eau

60 ml/4 cuillères à soupe de vinaigre de vin

60 ml/4 cuillères à soupe de cassonade

30 ml/2 cuillères à soupe de purée de tomates (pâte)

10 ml / 2 cuillères à café de farine de maïs (amidon de maïs)

25 g de champignons hachés

25 g/1 oz de crevettes décortiquées, hachées

2 oz/50 g de porc maigre, émincé

2 oignons nouveaux (oignons verts), hachés

5 ml/1 cuillère à soupe de sauce soja

2,5 ml/¬Ω cuillère à café de racine de gingembre râpée

1 gousse d'ail, écrasée

24 peaux de wonton

huile de friture

Mettez l'eau, le vinaigre de vin, le sucre, la purée de tomates et la semoule de maïs dans une petite casserole. Porter à ébullition en remuant constamment, puis laisser mijoter 1 minute. Retirer du feu et réserver au chaud.

Mélanger les champignons, les crevettes, le porc, la ciboule, la sauce soja, le gingembre et l'ail. Placer des cuillerées de garniture sur chaque couche, badigeonner les bords d'eau et presser pour sceller. Faites chauffer l'huile et faites frire les wontons petit à petit jusqu'à ce qu'ils soient dorés. Égoutter sur du papier absorbant et servir chaud avec une sauce aigre-douce.

Soupe au poulet

Donne 2 litres/3½ pts/8½ tasses

1,5 kg de cuisses de poulet cuites ou crues
1 livre / 450 g d'os de porc
1 cm/½ morceau de racine de gingembre
3 oignons nouveaux (oignons verts), tranchés
1 gousse d'ail, écrasée
5 ml/1 cuillère à soupe de sel
2,25 litres / 4 unités / 10 tasses d'eau

Portez tous les ingrédients à ébullition, couvrez et laissez mijoter 15 minutes. Retirez toute graisse. Couvrir et laisser cuire à feu doux pendant 1 heure et demie. Filtrer, laisser refroidir et faire mousser. Congeler en petites portions ou réfrigérer et utiliser dans les 2 jours.

Soupe au porc et aux germes de soja

pour 4 personnes

1 lb/450 g de porc en dés

1,5 L/2½ points/6 tasses de bouillon de poulet

5 tranches de racine de gingembre

350 g de germes de soja

15 ml/1 cuillère à soupe de sel

Blanchir le porc dans l'eau bouillante pendant 10 minutes, puis l'égoutter. Faire bouillir le bouillon et ajouter le porc et le gingembre. Couvrir et laisser mijoter 50 minutes. Ajoutez les germes de soja et le sel et laissez cuire 20 minutes.

Soupe d'ormeaux et de champignons

pour 4 personnes

60 ml / 4 cuillères à soupe d'huile d'arachide

4 oz/100 g de porc maigre, coupé en lanières

Boîte de 8 oz/225 g d'ormeau, coupée en lanières

100 g de champignons émincés

2 branches de céleri, tranchées

50 g de jambon coupé en lanières

2 oignons, tranchés

1,5 L/2½ pts/6 tasses d'eau

30 ml/2 cuillères à soupe de vinaigre de vin

45 ml/3 cuillères à soupe de sauce soja

2 tranches de racine de gingembre, hachées

sel et poivre fraîchement moulu

15 ml/1 cuillère à soupe de farine de maïs (amidon de maïs)

45 ml/3 cuillères à soupe d'eau

Faites chauffer l'huile et faites revenir le porc, les ormeaux, les champignons, le céleri, le jambon et l'oignon pendant 8 minutes. Ajouter l'eau et le vinaigre de vin, porter à ébullition, couvrir et laisser mijoter 20 minutes. Ajouter la sauce soja, le gingembre, le sel et le poivre. Mélangez la farine de maïs jusqu'à obtenir une pâte

l'eau, incorporer la soupe et laisser mijoter en remuant pendant 5 minutes jusqu'à ce que la soupe soit claire et épaisse.

Soupe au poulet et asperges

pour 4 personnes

100 g de poulet émincé

2 blancs d'œufs

2,5 ml/½ cuillère à café de sel

30 ml/2 cuillères à soupe de farine de maïs (amidon de maïs)

225 g d'asperges, coupées en 2 morceaux de 5 cm

100 g de germes de soja

1,5 L/2½ points/6 tasses de bouillon de poulet

100 g de champignons

Mélangez le poulet avec les blancs d'œufs, le sel et la fécule de maïs et laissez reposer 30 minutes. Cuire le poulet dans l'eau bouillante pendant env. 10 minutes jusqu'à ce qu'il soit cuit, puis bien égoutter. Blanchir les asperges dans l'eau bouillante pendant 2 minutes, puis égoutter. Blanchir les germes de soja dans l'eau bouillante pendant 3 minutes, puis égoutter. Versez le bouillon dans une grande casserole et ajoutez le poulet, les asperges, les champignons et les pousses de soba. Faire bouillir et assaisonner de sel. Laisser mijoter quelques minutes pour laisser les saveurs se développer et jusqu'à ce que les légumes soient tendres mais toujours croquants.

Soupe de boeuf

pour 4 personnes

8 oz/225 g de bœuf haché (haché)
15 ml/1 cuillère à soupe de sauce soja
15 ml/1 cuillère à soupe de xérès sec ou de vin de riz
15 ml/1 cuillère à soupe de farine de maïs (amidon de maïs)
1,2 l/2 points/5 dl de bouillon de poulet
5 ml/1 cuillère à soupe de sauce chili
sel et poivre
2 oeufs battus
6 oignons nouveaux (oignons verts), hachés

Mélangez le bœuf avec la sauce soja, le vin ou le xérès et la semoule de maïs. Mettez le bouillon et laissez bouillir petit à petit en remuant. Ajouter la sauce épicée aux haricots, saler et poivrer, couvrir et laisser cuire env. 10 minutes en remuant de temps en temps. Ajouter les œufs et servir parsemé de ciboulette.

Soupe chinoise au bœuf et aux feuilles

pour 4 personnes

200 g de viande maigre coupée en lanières
15 ml/1 cuillère à soupe de sauce soja
15 ml/1 cuillère à soupe d'huile d'arachide
1,5 L/2½ points/6 tasses de bouillon de bœuf
5 ml/1 cuillère à soupe de sel
2,5 ml/½ cuillère à café de sucre
½ tête de feuilles chinoises coupées en morceaux

Mélangez la viande avec la sauce soja et l'huile et laissez mariner 30 minutes en remuant de temps en temps. Faites bouillir le bouillon avec du sel et du sucre, ajoutez les feuilles de porcelaine et laissez mijoter environ 10 minutes jusqu'à ce qu'elles soient presque cuites. Ajoutez la viande et laissez cuire encore 5 minutes.

Soupe aux choux

pour 4 personnes

60 ml / 4 cuillères à soupe d'huile d'arachide

2 oignons, hachés

4 oz/100 g de porc maigre, coupé en lanières

8 oz/225 g de bok choy, râpé

10 ml/2 cuillères à soupe de sucre

1,2 l/2 points/5 dl de bouillon de poulet

45 ml/3 cuillères à soupe de sauce soja

sel et poivre

15 ml/1 cuillère à soupe de farine de maïs (amidon de maïs)

Faites chauffer l'huile et faites revenir l'oignon et le porc jusqu'à ce qu'ils soient légèrement dorés. Ajoutez le chou et le sucre et faites revenir 5 minutes. Ajouter le bouillon et la sauce soja et assaisonner de sel et de poivre. Porter à ébullition, couvrir et laisser mijoter 20 minutes. Mélangez la semoule de maïs avec un peu d'eau, mélangez-la à la soupe et laissez bouillir en remuant jusqu'à ce que la soupe épaississe et devienne claire.

Soupe de boeuf épicée

pour 4 personnes

45 ml/3 cuillères à soupe d'huile d'arachide

1 gousse d'ail, écrasée

5 ml/1 cuillère à soupe de sel

8 oz/225 g de bœuf haché (haché)

6 oignons nouveaux (oignons verts), coupés en lanières

1 poivron rouge, coupé en lanières

1 poivron vert, coupé en lanières

8 oz/225 g de chou, râpé

1 l/1¾ pts/4¼ tasses de bouillon de bœuf

30 ml/2 cuillères à soupe de sauce aux palourdes

30 ml/2 cuillères à soupe de sauce hoisin

45 ml/3 cuillères à soupe de sauce soja

2 morceaux de tige de gingembre, hachée

2 oeufs

5 ml/1 cuillère à soupe d'huile de sésame

8 oz/225 g de nouilles claires, trempées

Faites chauffer l'huile et faites revenir l'ail et le sel jusqu'à ce qu'ils soient légèrement dorés. Ajoutez la viande et faites-la dorer rapidement. Ajouter les légumes et faire revenir jusqu'à ce qu'ils soient translucides. Ajouter le bouillon, la sauce aux palourdes, la sauce hoisin, 30 ml/2

à soupe de sauce soja et de gingembre, porter à ébullition et laisser mijoter 10 minutes. Battez les œufs avec l'huile de sésame et le reste de la sauce soja. Ajouter la soupe de nouilles et cuire en remuant jusqu'à ce que les œufs forment des ficelles et que les nouilles soient tendres.

soupe céleste

pour 4 personnes

2 oignons nouveaux (oignons verts), hachés
1 gousse d'ail, écrasée
30 ml/2 cuillères à soupe de persil frais haché
5 ml/1 cuillère à soupe de sel
15 ml/1 cuillère à soupe d'huile d'arachide
30 ml/2 cuillères à soupe de sauce soja
1,5 L/2½ pts/6 tasses d'eau

Mélangez l'oignon nouveau, l'ail, le persil, le sel, l'huile et la sauce soja. Faire bouillir l'eau, verser le mélange de ciboulette et laisser reposer 3 minutes.

Soupe au poulet et pousses de bambou

pour 4 personnes

2 cuisses de poulet
30 ml/2 cuillères à soupe d'huile d'arachide
5 ml/1 cuillère à soupe de vin de riz ou de xérès sec
1,5 L/2½ points/6 tasses de bouillon de poulet
3 oignons nouveaux, tranchés
100 g de pousses de bambou, coupées en morceaux
5 ml/1 cuillère à café de racine de gingembre hachée
Sal

Désossez le poulet et coupez la viande en morceaux. Faites chauffer l'huile et faites frire le poulet jusqu'à ce qu'il soit doré de tous les côtés. Ajouter le bouillon, les oignons nouveaux, les pousses de bambou et le gingembre, porter à ébullition et cuire environ 20 minutes jusqu'à ce que le poulet soit tendre. Assaisonner de sel avant de servir.

Soupe au poulet et au maïs

pour 4 personnes

1 l/1 ¾ pts/4 ¼ tasses de bouillon de poulet

100 g de poulet haché

200 g de maïs sucré en crème

jambon tranché, haché

oeuf battu

15 ml/1 cuillère à soupe de xérès sec ou de vin de riz

Portez à ébullition le bouillon et le poulet, couvrez et laissez bouillir 15 minutes. Ajoutez le maïs et le jambon, couvrez et laissez cuire 5 minutes. Ajoutez les œufs et le xérès en remuant lentement avec un cure-dent pour que les œufs forment des ficelles. Retirer du feu, couvrir et laisser reposer 3 minutes avant de servir.

Soupe au poulet et au gingembre

pour 4 personnes

4 champignons chinois séchés
1,5 l/2½ pt/6 dl d'eau ou de bouillon de poulet
8 oz/225 g de poulet en dés
10 tranches de racine de gingembre
5 ml/1 cuillère à soupe de vin de riz ou de xérès sec
Sal

Faites tremper les champignons dans l'eau tiède pendant 30 minutes, puis égouttez-les. Jetez les tiges. Faites bouillir l'eau ou le bouillon avec le reste des ingrédients et laissez bouillir environ 20 minutes, jusqu'à ce que le poulet soit cuit.

Soupe chinoise au poulet et aux champignons

pour 4 personnes

25 g de champignons chinois séchés
100 g de poulet émincé
50 g de pousses de bambou, déchiquetées
30 ml/2 cuillères à soupe de sauce soja
30 ml/2 cuillères à soupe de vin de riz ou de xérès sec
1,2 l/2 points/5 dl de bouillon de poulet

Faites tremper les champignons dans l'eau tiède pendant 30 minutes, puis égouttez-les. Jetez les tiges et coupez le haut. Blanchir les champignons, le poulet et les pousses de bambou dans l'eau bouillante pendant 30 secondes, puis égoutter. Placez-les dans un bol et ajoutez la sauce soja et le vin ou le xérès. Laisser mariner 1 heure. Faire bouillir le bouillon, ajouter le mélange de poulet et la marinade. Bien mélanger et cuire quelques minutes jusqu'à ce que le poulet soit cuit.

Soupe au poulet et riz

pour 4 personnes

1 l/1¾ pts/4¼ tasses de bouillon de poulet

8 oz/225 g/1 tasse de riz à grains longs cuit

100 g de poulet cuit, coupé en lanières

1 oignon, coupé en dés

5 ml/1 cuillère à soupe de sauce soja

Chauffer doucement tous les ingrédients ensemble jusqu'à ce qu'ils soient chauds sans laisser bouillir la soupe.

Soupe au poulet et à la noix de coco

pour 4 personnes

12 oz/350 g de poitrine de poulet

Sal

10 ml / 2 cuillères à café de farine de maïs (amidon de maïs)

30 ml/2 cuillères à soupe d'huile d'arachide

1 piment vert haché

1 l/1¾ pts/4¼ tasses de lait de coco

5 ml/1 cuillère à soupe de zeste de citron râpé

12 litchis

une pincée de muscade râpée

sel et poivre fraîchement moulu

2 feuilles de mélisse

Coupez la poitrine de poulet en diagonale dans le sens du grain en lanières. Saupoudrer de sel et recouvrir de semoule de maïs. Faites chauffer 10 ml/2 cuillères à soupe d'huile dans un wok, remuez et versez. Répétez encore une fois. Faites chauffer le reste de l'huile et faites revenir le poulet et le piment pendant 1 minute. Ajoutez le lait de coco et portez à ébullition. Ajoutez le zeste de citron et laissez mijoter 5 minutes. Ajouter les litchis, assaisonner de muscade, saler et poivrer et servir garni de mélisse.

Soupe de moules

pour 4 personnes

2 champignons chinois séchés
12 prunes, mouillées et lavées
1,5 L/2½ points/6 tasses de bouillon de poulet
50 g de pousses de bambou, déchiquetées
50 g de pois mange-tout, coupés en deux
2 oignons nouveaux (oignons verts), coupés en rondelles
15 ml/1 cuillère à soupe de xérès sec ou de vin de riz
une pincée de poivre fraîchement moulu

Faites tremper les champignons dans l'eau tiède pendant 30 minutes, puis égouttez-les. Jetez les tiges et coupez le dessus en deux. Faites cuire les moules à la vapeur pendant env. 5 minutes jusqu'à ce qu'ils s'ouvrent ; Jetez ceux qui restent fermés. Retirez les palourdes de leur coquille. Faire bouillir le bouillon et ajouter les champignons, les pousses de bambou, les petits pois et les oignons nouveaux. Laissez bouillir à découvert pendant 2 minutes. Ajouter les prunes, le vin ou le xérès et le poivre et cuire jusqu'à ce qu'ils soient bien chauds.

soupe aux œufs

pour 4 personnes

1,2 l/2 points/5 dl de bouillon de poulet

3 oeufs battus

45 ml/3 cuillères à soupe de sauce soja

sel et poivre fraîchement moulu

4 oignons nouveaux, tranchés

Faire bouillir le bouillon. Incorporez progressivement les œufs battus afin qu'ils se séparent en brins. Ajouter la sauce soja et assaisonner de sel et de poivre. Servir décoré de ciboulette.

Soupe de crabe et pétoncles

pour 4 personnes

4 champignons chinois séchés
15 ml/1 cuillère à soupe d'huile d'arachide
1 oeuf battu
1,5 L/2½ points/6 tasses de bouillon de poulet
6 oz/175 g de chair de crabe, en flocons
4 oz/100 g de pétoncles tranchés
100 g de pousses de bambou, tranchées
2 oignons nouveaux (oignons verts), hachés
1 tranche de racine de gingembre, hachée
quelques crevettes cuites et décortiquées (facultatif)
45 ml/3 cuillères à soupe de farine de maïs (amidon de maïs)
90 ml/6 cuillères à soupe d'eau
30 ml/2 cuillères à soupe de vin de riz ou de xérès sec
20 ml/4 cuillères à soupe de sauce soja
2 blancs d'œufs

Faites tremper les champignons dans l'eau tiède pendant 30 minutes, puis égouttez-les. Jeter les tiges et trancher finement le dessus. Faites chauffer l'huile, ajoutez l'œuf et inclinez la poêle pour que l'œuf recouvre le fond. bouillir déposer, retourner et cuire de l'autre côté. Retirer de la poêle, rouler et couper en fines lanières.

Portez le bouillon à ébullition, ajoutez les champignons, les lanières d'œufs, la chair de crabe, les pétoncles, les pousses de bambou, l'oignon, le gingembre et les crevettes si vous en utilisez. Faire bouillir à nouveau. Mélangez la farine de maïs avec 60 ml/4 cuillères à soupe d'eau, le vin ou le xérès et la sauce soja et mélangez avec la soupe. Laisser mijoter en remuant jusqu'à ce que la soupe épaississe. Battez les blancs d'œufs avec le reste de l'eau et versez lentement le mélange dans la soupe en remuant vigoureusement.

soupe de crabe

pour 4 personnes

90 ml/6 cuillères à soupe d'huile d'arachide

3 oignons, hachés

225 g de chair de crabe blanche et brune

1 tranche de racine de gingembre, hachée

1,2 l/2 points/5 dl de bouillon de poulet

150 ml/¼pt/tasse de vin de riz ou de xérès sec

45 ml/3 cuillères à soupe de sauce soja

sel et poivre fraîchement moulu

Faites chauffer l'huile et faites revenir l'oignon jusqu'à ce qu'il soit tendre mais pas brun. Ajoutez la chair de crabe et le gingembre et faites revenir 5 minutes. Ajouter le bouillon, le vin ou le xérès et la sauce soja, assaisonner de sel et de poivre. Porter à ébullition et cuire 5 minutes.

Soupe de poisson

pour 4 personnes

225 g de filets de poisson
1 tranche de racine de gingembre, hachée
15 ml/1 cuillère à soupe de xérès sec ou de vin de riz
30 ml/2 cuillères à soupe d'huile d'arachide
1,5 L/2½ pt/6 tasses de bouillon de poisson

Coupez le poisson en fines lanières à contre-courant. Mélangez le gingembre, le vin ou le xérès et l'huile, ajoutez le poisson et remuez doucement. Laisser mariner 30 minutes en retournant de temps en temps. Faites bouillir le bouillon, ajoutez le poisson et laissez bouillir 3 minutes.

Soupe de poisson et salade

pour 4 personnes

8 oz/225 g de filets de poisson blanc

30 ml/2 cuillères à soupe de farine nature (tout usage)

sel et poivre fraîchement moulu

90 ml/6 cuillères à soupe d'huile d'arachide

6 oignons nouveaux (oignons verts), tranchés

100 g de laitue, râpée

1,2 L/2 paquets/5 tasses d'eau

10 ml/2 cuillères à café de racine de gingembre finement hachée

150 ml/¼ pt/1/2 tasse généreuse de vin de riz ou de xérès sec

30 ml/2 cuillères à soupe de farine de maïs (amidon de maïs)

30 ml/2 cuillères à soupe de persil frais haché

10 ml/2 cuillères à soupe de jus de citron

30 ml/2 cuillères à soupe de sauce soja

Coupez le poisson en fines lanières puis recouvrez de farine assaisonnée. Faites chauffer l'huile et faites revenir l'oignon jusqu'à ce qu'il soit tendre. Ajouter la salade et cuire 2 minutes. Ajouter le poisson et cuire 4 minutes. Ajouter l'eau, le gingembre et le vin ou le xérès, porter à ébullition, couvrir et laisser mijoter 5 minutes. Mélangez la semoule de maïs avec un peu d'eau puis incorporez-la à la soupe. Laisser mijoter en remuant encore 4 minutes jusqu'à ce que la soupe épaississe

laver et assaisonner avec du sel et du poivre. Servir saupoudré de persil, de jus de citron et de sauce soja.

Soupe de gingembre aux boulettes de viande

pour 4 personnes

5 cm/2 morceaux de racine de gingembre, râpée

12 oz / 350 g de cassonade

1,5 L/2½ pts/7 tasses d'eau

225 g/8 oz/2 tasses de farine de riz

2,5 ml/½ cuillère à café de sel

60 ml/4 cuillères à soupe d'eau

Mettez le gingembre, le sucre et l'eau dans une casserole et laissez bouillir en remuant. Couvrir et laisser mijoter environ 20 minutes. Filtrez la soupe et remettez-la dans la marmite.

Pendant ce temps, mettez la farine et le sel dans un bol et pétrissez petit à petit dans suffisamment d'eau pour obtenir une pâte épaisse. Roulez-le en boules et mettez-les dans la soupe. Portez à nouveau la soupe à ébullition, couvrez et laissez mijoter encore 6 minutes jusqu'à ce que les boulettes de viande soient bien cuites.

soupe forte et aigre

pour 4 personnes

8 champignons chinois séchés
1 l/1¾ pts/4¼ tasses de bouillon de poulet
100 g de poulet coupé en lanières
100 g de pousses de bambou, coupées en lanières
100 g de tofu, coupé en lanières
15 ml/1 cuillère à soupe de sauce soja
30 ml/2 cuillères à soupe de vinaigre de vin
30 ml/2 cuillères à soupe de farine de maïs (amidon de maïs)
2 oeufs battus
quelques gouttes d'huile de sésame

Faites tremper les champignons dans l'eau tiède pendant 30 minutes, puis égouttez-les. Jetez les tiges et coupez le dessus en lanières. Faire bouillir les champignons, le bouillon, le poulet, les pousses de bambou et le tofu, couvrir et cuire 10 minutes. Mélangez la sauce soja, le vinaigre de vin et la maïzena pour obtenir un mélange lisse, incorporez-le à la soupe et laissez cuire 2 minutes jusqu'à ce que la soupe soit prête. Ajoutez lentement les œufs et l'huile de sésame en remuant avec un cure-dent. Couvrir et laisser reposer 2 minutes avant de servir.

Soupe aux champignons

pour 4 personnes

15 champignons chinois séchés
1,5 L/2½ points/6 tasses de bouillon de poulet
5 ml/1 cuillère à soupe de sel

Faire tremper les champignons dans l'eau tiède pendant 30 minutes, puis égoutter le liquide. Jetez les tiges et coupez le dessus en deux si elles sont grosses et placez-les dans un grand récipient résistant à la chaleur. Placez le bol sur une grille dans le cuiseur vapeur. Faire bouillir le bouillon, verser sur les champignons, couvrir et cuire à la vapeur 1 heure dans l'eau bouillante. Assaisonner avec du sel et servir.

Soupe aux champignons et aux choux

pour 4 personnes

25 g de champignons chinois séchés
15 ml/1 cuillère à soupe d'huile d'arachide
50 g de feuilles de Chine écrasées
15 ml/1 cuillère à soupe de xérès sec ou de vin de riz
15 ml/1 cuillère à soupe de sauce soja
1,2 L/2 points/5 tasses de bouillon de poulet ou de légumes
sel et poivre fraîchement moulu
5 ml/1 cuillère à soupe d'huile de sésame

Faites tremper les champignons dans l'eau tiède pendant 30 minutes, puis égouttez-les. Jetez les tiges et coupez le haut. Faites chauffer l'huile et faites revenir les champignons et les feuilles chinoises pendant 2 minutes jusqu'à ce qu'ils soient bien enrobés. Ajoutez le vin ou le xérès et la sauce soja, puis ajoutez le bouillon. Portez à ébullition, salez et poivrez et laissez bouillir 5 minutes. Arroser d'huile de sésame avant de servir.

Soupe aux œufs et aux champignons

pour 4 personnes

1 l/1¾ pts/4¼ tasses de bouillon de poulet

30 ml/2 cuillères à soupe de farine de maïs (amidon de maïs)

100 g de champignons émincés

1 tranche d'oignon, finement haché

une pincée de sel

3 gouttes d'huile de sésame

2,5 ml/½ cuillère à café de sauce soja

1 oeuf battu

Mélangez une partie du bouillon avec la semoule de maïs, puis ajoutez tous les ingrédients sauf l'œuf. Porter à ébullition, couvrir et laisser mijoter 5 minutes. Ajoutez l'œuf en remuant avec un cure-dent pour que l'œuf forme des ficelles. Retirer du feu et laisser reposer 2 minutes avant de servir.

Soupe aux champignons et châtaignes d'eau

pour 4 personnes

1 l/1¾ pts/4¼ tasses de bouillon de légumes ou d'eau
2 oignons, finement hachés
5 ml/1 cuillère à soupe de vin de riz ou de xérès sec
30 ml/2 cuillères à soupe de sauce soja
8 oz/225 g de champignons
100 g de châtaignes d'eau coupées en tranches
100 g de pousses de bambou, tranchées
quelques gouttes d'huile de sésame
2 feuilles de laitue, coupées en morceaux
2 oignons nouveaux (oignons verts), coupés en morceaux

Faire bouillir l'eau, l'oignon, le vin ou le xérès et la sauce soja, couvrir et cuire 10 minutes. Ajoutez les champignons, les châtaignes d'eau et les pousses de bambou, couvrez et laissez cuire 5 minutes. Ajouter l'huile de sésame, les feuilles de laitue et l'oignon, retirer du feu, couvrir et laisser reposer 1 minute avant de servir.

Soupe de porc et champignons

pour 4 personnes

60 ml / 4 cuillères à soupe d'huile d'arachide

1 gousse d'ail, écrasée

2 oignons, tranchés

8 oz/225 g de porc maigre, coupé en lanières

1 céleri, haché

50 g de champignons émincés

2 carottes, tranchées

1,2 L/2 points/5 tasses de bouillon de bœuf

15 ml/1 cuillère à soupe de sauce soja

sel et poivre fraîchement moulu

15 ml/1 cuillère à soupe de farine de maïs (amidon de maïs)

Faites chauffer l'huile et faites revenir l'ail, l'oignon et le porc jusqu'à ce que l'oignon soit tendre et légèrement doré. Ajoutez le céleri, les champignons et les carottes, couvrez et laissez cuire 10 minutes. Portez le bouillon à ébullition, puis ajoutez-le à la poêle avec la sauce soja et assaisonnez de sel et de poivre. Mélangez la semoule de maïs avec un peu d'eau, puis versez dans la casserole et laissez mijoter en remuant pendant environ 5 minutes.

Soupe de porc et cresson

pour 4 personnes

1,5 L/2½ points/6 tasses de bouillon de poulet
4 oz/100 g de porc maigre, coupé en lanières
3 branches de céleri, coupées en diagonale
2 oignons nouveaux (oignons verts), tranchés
1 botte de cresson
5 ml/1 cuillère à soupe de sel

Portez le bouillon à ébullition, ajoutez le porc et le céleri, couvrez et laissez bouillir 15 minutes. Ajoutez les oignons nouveaux, le cresson et le sel et laissez bouillir à découvert pendant environ 4 minutes.

Soupe de porc et de concombre

pour 4 personnes

4 oz/100 g de porc maigre, tranché finement
5 ml/1 cuillère à café de farine de maïs (amidon de maïs)
15 ml/1 cuillère à soupe de sauce soja
15 ml/1 cuillère à soupe de xérès sec ou de vin de riz
1 concombre
1,5 L/2½ points/6 tasses de bouillon de poulet
5 ml/1 cuillère à soupe de sel

Mélangez le porc, la semoule de maïs, la sauce soja et le vin ou le xérès. Remuer pour enrober le porc. Épluchez le concombre et coupez-le en deux dans le sens de la longueur, puis grattez les graines. coupe épaisse Portez le bouillon à ébullition, ajoutez le porc, couvrez et laissez mijoter 10 minutes. Ajouter le concombre et cuire quelques minutes jusqu'à ce qu'il soit translucide. Assaisonner de sel et ajouter un peu plus de sauce soja si désiré.

Soupe aux boulettes de viande et nouilles

pour 4 personnes

50 g de nouilles de riz

8 oz/225 g de porc haché (haché)

5 ml/1 cuillère à café de farine de maïs (amidon de maïs)

2,5 ml/½ cuillère à café de sel

30 ml/2 cuillères à soupe d'eau

1,5 L/2½ points/6 tasses de bouillon de poulet

1 oignon (oignon), finement haché

5 ml/1 cuillère à soupe de sauce soja

Placez les nouilles dans l'eau froide pendant que vous préparez les boulettes de viande. Mélangez le porc, la farine de maïs, un peu de sel et d'eau et formez des boules de la taille d'une noix. Faites bouillir une casserole d'eau, ajoutez les raviolis au porc, couvrez et laissez cuire 5 minutes. Bien égoutter et égoutter les nouilles. Portez le bouillon à ébullition, ajoutez les quenelles de porc et les nouilles, couvrez et laissez cuire 5 minutes. Ajouter l'oignon nouveau, la sauce soja et le reste du sel et cuire encore 2 minutes.

Soupe aux épinards et au tofu

pour 4 personnes

1,2 l/2 points/5 dl de bouillon de poulet
200 g de tomates en conserve, égouttées et hachées
8 oz/225 g de tofu, coupé en dés
8 oz/225 g d'épinards hachés
30 ml/2 cuillères à soupe de sauce soja
5 ml/1 cuillère à café de cassonade
sel et poivre fraîchement moulu

Portez le bouillon à ébullition, puis ajoutez les tomates, le tofu et les épinards et remuez délicatement. Porter à ébullition et cuire 5 minutes. Ajoutez la sauce soja et le sucre et assaisonnez de sel et de poivre. Faire bouillir 1 minute avant de servir.

Soupe de maïs sucré et crabe

pour 4 personnes

1,2 l/2 points/5 dl de bouillon de poulet

200 g de maïs sucré

sel et poivre fraîchement moulu

1 oeuf battu

200 g de chair de crabe émiettée

3 échalotes hachées

Faire bouillir le bouillon, ajouter le maïs, assaisonner de sel et de poivre. Laisser mijoter 5 minutes. Juste avant de servir, cassez les œufs à la fourchette et mélangez-les à la soupe. Servir parsemé de chair de crabe et d'échalotes hachées.

Soupe sichuanaise

pour 4 personnes

4 champignons chinois séchés

1,5 L/2½ points/6 tasses de bouillon de poulet

75 ml/5 cuillères à soupe de vin blanc sec

15 ml/1 cuillère à soupe de sauce soja

2,5 ml/½ cuillère à café de sauce piquante

30 ml/2 cuillères à soupe de farine de maïs (amidon de maïs)

60 ml/4 cuillères à soupe d'eau

4 oz/100 g de porc maigre, coupé en lanières

50 g de jambon cuit, coupé en lanières

1 poivron rouge, coupé en lanières

50 g de châtaignes d'eau tranchées

10 ml/2 cuillères à café de vinaigre de vin

5 ml/1 cuillère à soupe d'huile de sésame

1 oeuf battu

100 g de crevettes décortiquées

6 oignons nouveaux (oignons verts), hachés

175 g de tofu coupé en dés

Faites tremper les champignons dans l'eau tiède pendant 30 minutes, puis égouttez-les. Jetez les tiges et coupez le haut. Apportez du bouillon, du vin, du soja.

faire bouillir la sauce et la sauce chili, couvrir et cuire 5 minutes. Mélangez la semoule de maïs avec la moitié de l'eau et incorporez-la à la soupe en remuant jusqu'à ce que la soupe épaississe. Ajoutez les champignons, le porc, le jambon, le poivre et les châtaignes d'eau et laissez mijoter 5 minutes. Ajouter le vinaigre de vin et l'huile de sésame. Battez l'œuf avec le reste d'eau et versez-le dans la soupe en remuant vigoureusement. Ajouter les crevettes, les oignons nouveaux et le tofu et cuire quelques minutes pour réchauffer.

soupe au tofu

pour 4 personnes

1,5 L/2½ points/6 tasses de bouillon de poulet

8 oz/225 g de tofu, coupé en dés

5 ml/1 cuillère à soupe de sel

5 ml/1 cuillère à soupe de sauce soja

Faire bouillir le bouillon et ajouter le tofu, le sel et la sauce soja. Laisser mijoter quelques minutes jusqu'à ce que le tofu soit bien chaud.

Soupe de tofu et poisson

pour 4 personnes

8 oz/225 g de filets de poisson blanc, coupés en lanières
150 ml/¼ pt/1/2 tasse généreuse de vin de riz ou de xérès sec
10 ml/2 cuillères à café de racine de gingembre finement hachée
45 ml/3 cuillères à soupe de sauce soja
2,5 ml/½ cuillère à café de sel
60 ml / 4 cuillères à soupe d'huile d'arachide
2 oignons, hachés
100 g de champignons émincés
1,2 l/2 points/5 dl de bouillon de poulet
100 g de tofu, coupé en dés
sel et poivre fraîchement moulu

Placez le poisson dans un bol. Mélangez le vin ou le xérès, le gingembre, la sauce soja et le sel et versez sur le poisson. Laisser mariner 30 minutes. Faites chauffer l'huile et faites revenir l'oignon pendant 2 minutes. Ajoutez les champignons et poursuivez la cuisson jusqu'à ce que les oignons soient tendres mais pas dorés. Ajouter le poisson et la marinade, porter à ébullition, couvrir et laisser mijoter 5 minutes. Ajouter le bouillon, porter à ébullition, couvrir et laisser mijoter 15 minutes.

Ajouter le tofu et assaisonner de sel et de poivre. Laissez mijoter jusqu'à ce que le tofu soit cuit.

Soupe à la tomate

pour 4 personnes

400 g de tomates en conserve, égouttées et hachées
1,2 l/2 points/5 dl de bouillon de poulet
1 tranche de racine de gingembre, hachée
15 ml/1 cuillère à soupe de sauce soja
15 ml/1 cuillère à soupe de sauce chili
10 ml/2 cuillères à soupe de sucre

Mettez tous les ingrédients dans une casserole et laissez bouillir doucement en remuant de temps en temps. Laissez bouillir environ 10 minutes avant de servir.

Soupe de tomates et épinards

pour 4 personnes

1,2 l/2 points/5 dl de bouillon de poulet

8 oz/225 g de tomates en dés en conserve

8 oz/225 g de tofu, coupé en dés

8 oz/225 g d'épinards

30 ml/2 cuillères à soupe de sauce soja

sel et poivre fraîchement moulu

2,5 ml/½ cuillère à café de sucre

2,5 ml/½ cuillère à café de vin de riz ou de xérès sec

Portez le bouillon à ébullition, puis ajoutez les tomates, le tofu et les épinards et laissez cuire 2 minutes. Ajoutez le reste des ingrédients et laissez cuire 2 minutes, puis mélangez bien et servez.

soupe de navet

pour 4 personnes

1 l/1¾ pts/4¼ tasses de bouillon de poulet
1 gros navet, tranché finement
7 oz/200 g de porc maigre, tranché finement
15 ml/1 cuillère à soupe de sauce soja
60 ml/4 cuillères à soupe de cognac
sel et poivre fraîchement moulu
4 échalotes, hachées finement

Portez le bouillon à ébullition, ajoutez le navet et le porc, couvrez et laissez bouillir 20 minutes jusqu'à ce que le navet soit tendre et que la viande soit cuite. Ajouter la sauce soja et le cognac au goût. Faire frire jusqu'à ce qu'il soit servi chaud, parsemé d'échalotes.

Soupe aux légumes

pour 4 personnes

6 champignons chinois séchés
1 l/1¾ pts/4¼ tasses de bouillon de légumes
50 g de pousses de bambou, coupées en lanières
50 g de châtaignes d'eau tranchées
8 pois mange-tout tranchés
5 ml/1 cuillère à soupe de sauce soja

Faites tremper les champignons dans l'eau tiède pendant 30 minutes, puis égouttez-les. Jetez les tiges et coupez le dessus en lanières. Ajouter au bouillon avec les pousses de bambou et les châtaignes d'eau et porter à ébullition, couvrir et laisser mijoter 10 minutes. Ajouter les petits pois et la sauce soja, couvrir et laisser mijoter 2 minutes. Laisser reposer 2 minutes avant de servir.

soupe végétarienne

pour 4 personnes

¼ de chou blanc

2 carottes

3 branches de céleri

2 oignons nouveaux (oignons verts)

30 ml/2 cuillères à soupe d'huile d'arachide

1,5 L/2½ pts/6 tasses d'eau

15 ml/1 cuillère à soupe de sauce soja

15 ml/1 cuillère à soupe de xérès sec ou de vin de riz

5 ml/1 cuillère à soupe de sel

poivre fraîchement moulu

Coupez les légumes en lanières. Faites chauffer l'huile et faites revenir les légumes pendant 2 minutes jusqu'à ce qu'ils commencent à ramollir. Ajoutez le reste des ingrédients, portez à ébullition, couvrez et laissez mijoter 15 minutes.

soupe de cresson

pour 4 personnes

1 l/1¾ pts/4¼ tasses de bouillon de poulet

1 oignon, finement haché

1 céleri, finement haché

8 oz/225 g de cresson, haché grossièrement

sel et poivre fraîchement moulu

Portez à ébullition le bouillon, l'oignon et le céleri, couvrez et laissez bouillir 15 minutes. Ajoutez le cresson, couvrez et laissez cuire 5 minutes. Assaisonnez avec du sel et du poivre.

Poisson frit aux légumes

pour 4 personnes

4 champignons chinois séchés
4 poissons entiers, propres et sans écailles
huile de friture
30 ml/2 cuillères à soupe de farine de maïs (amidon de maïs)
45 ml/3 cuillères à soupe d'huile d'arachide
100 g de pousses de bambou, coupées en lanières
50 g de châtaignes d'eau coupées en lamelles
50 g de chou chinois, râpé
2 tranches de racine de gingembre, hachées
30 ml/2 cuillères à soupe de vin de riz ou de xérès sec
30 ml/2 cuillères à soupe d'eau
15 ml/1 cuillère à soupe de sauce soja
5 ml/1 cuillère à café de sucre
120 ml/4 fl oz/¬Ω tasse de bouillon de poisson
sel et poivre fraîchement moulu
¬Ω laitue, râpée
15 ml/1 cuillère à soupe de persil plat haché

Faites tremper les champignons dans l'eau tiède pendant 30 minutes, puis égouttez-les. Jetez les tiges et coupez le haut. Saupoudrer le poisson au milieu

semoule de maïs et secouer l'excédent. Faites chauffer l'huile et faites frire le poisson pendant environ 12 minutes jusqu'à ce qu'il soit cuit. Égoutter sur du papier absorbant et réserver au chaud.

Faites chauffer l'huile et faites revenir les champignons, les pousses de bambou, les châtaignes d'eau et le chou pendant 3 minutes. Ajoutez le gingembre, le vin ou le xérès, 15 ml/1 cuillère à soupe d'eau, la sauce soja et le sucre et laissez cuire 1 minute. Ajoutez le bouillon, salez et poivrez, portez à ébullition, couvrez et laissez mijoter 3 minutes. Mélangez la farine de maïs avec le reste de l'eau, mélangez-la dans la casserole et faites cuire à feu doux en remuant jusqu'à ce que la sauce épaississe. Disposez la salade dans une assiette et déposez le poisson dessus. Versez les légumes et la sauce et servez décoré de persil.

Poisson entier au four

pour 4 personnes

1 gros bar ou poisson similaire
45 ml/3 cuillères à soupe de farine de maïs (amidon de maïs)
45 ml/3 cuillères à soupe d'huile d'arachide
1 oignon haché
2 gousses d'ail, hachées finement
50 g de jambon coupé en lanières
100 g de crevettes décortiquées
15 ml/1 cuillère à soupe de sauce soja
15 ml/1 cuillère à soupe de xérès sec ou de vin de riz
5 ml/1 cuillère à café de sucre
5 ml/1 cuillère à soupe de sel

Couvrir le poisson de semoule de maïs. Faites chauffer l'huile et faites revenir l'oignon et l'ail jusqu'à ce qu'ils soient légèrement dorés. Ajouter le poisson et faire revenir jusqu'à ce qu'il soit doré des deux côtés. Mettez le poisson sur un morceau de papier d'aluminium dans une longue poêle et recouvrez de jambon et de crevettes. Ajoutez la sauce soja, le vin ou le xérès, le sucre et le sel dans la casserole et mélangez bien. Verser sur le poisson, fermer le papier d'aluminium sur le dessus et cuire au four préchauffé à 150 °C/300 °F/thermostat 2 pendant 20 minutes.

Poisson de soja cuit

pour 4 personnes

1 gros bar ou poisson similaire
Sal
50 g/2 oz/½ tasse de farine nature (tout usage)
60 ml / 4 cuillères à soupe d'huile d'arachide
3 tranches de racine de gingembre, hachées
3 oignons nouveaux (oignons verts), hachés
250 ml/8 fl oz/1 tasse d'eau
45 ml/3 cuillères à soupe de sauce soja
15 ml/1 cuillère à soupe de xérès sec ou de vin de riz
2,5 ml/½ cuillère à café de sucre

Nettoyez et épluchez le poisson et marquez-le en diagonale des deux côtés. Saupoudrer de sel et laisser reposer 10 minutes. Faites chauffer l'huile et faites frire le poisson jusqu'à ce qu'il soit doré des deux côtés, retournez-le et arrosez-le d'huile pendant la friture. Ajouter le gingembre, la ciboule, l'eau, la sauce soja, le vin ou le xérès et le sucre, porter à ébullition, couvrir et laisser mijoter 20 minutes jusqu'à ce que le poisson soit cuit. Servir chaud ou froid.

Poisson de soja à la sauce d'huîtres

pour 4 personnes

1 gros bar ou poisson similaire

Sal

60 ml / 4 cuillères à soupe d'huile d'arachide

3 oignons nouveaux (oignons verts), hachés

2 tranches de racine de gingembre, hachées

1 gousse d'ail, écrasée

45 ml/3 cuillères à soupe de sauce aux huîtres

30 ml/2 cuillères à soupe de sauce soja

5 ml/1 cuillère à café de sucre

250 ml/8 fl oz/1 tasse de bouillon de poisson

Nettoyez et décalcifiez le poisson et coupez-le plusieurs fois en diagonale de chaque côté. Saupoudrer de sel et laisser reposer 10 minutes. Faites chauffer la majeure partie de l'huile et faites frire le poisson jusqu'à ce qu'il soit doré des deux côtés, en le retournant une fois. Pendant ce temps, faites chauffer le reste de l'huile dans une poêle séparée et faites revenir l'oignon, le gingembre et l'ail jusqu'à ce qu'ils soient légèrement dorés. Ajoutez la sauce d'huîtres, la sauce soja et le sucre et faites revenir 1 minute. Ajoutez le bouillon et laissez bouillir. Verser le mélange dans le poisson rouge, porter à ébullition, couvrir et laisser mijoter env.

15 minutes jusqu'à ce que le poisson soit cuit, en le retournant une à deux fois pendant la cuisson.

bar cuit à la vapeur

pour 4 personnes

1 gros bar ou poisson similaire
2,25 l/4 paquets/10 tasses d'eau
3 tranches de racine de gingembre, hachées
15 ml/1 cuillère à soupe de sel
15 ml/1 cuillère à soupe de xérès sec ou de vin de riz
30 ml/2 cuillères à soupe d'huile d'arachide

Nettoyer et décalcifier le poisson et couper plusieurs fois les deux côtés en diagonale. Faites bouillir de l'eau dans une grande casserole et ajoutez le reste des ingrédients. Mettez le poisson dans l'eau, couvrez bien, éteignez le feu et laissez reposer 30 minutes jusqu'à ce que le poisson soit cuit.

Poisson au four aux champignons

pour 4 personnes

4 champignons chinois séchés

1 grosse carpe ou poisson similaire

Sal

45 ml/3 cuillères à soupe d'huile d'arachide

2 oignons nouveaux (oignons verts), hachés

1 tranche de racine de gingembre, hachée

3 gousses d'ail, hachées finement

100 g de pousses de bambou, coupées en lanières

250 ml/8 fl oz/1 tasse de bouillon de poisson

30 ml/2 cuillères à soupe de sauce soja

15 ml/1 cuillère à soupe de xérès sec ou de vin de riz

2,5 ml/¬Ω cuillère à café de sucre

Faites tremper les champignons dans l'eau tiède pendant 30 minutes, puis égouttez-les. Jetez les tiges et coupez le haut. Coupez le poisson plusieurs fois en diagonale des deux côtés, saupoudrez de sel et laissez reposer 10 minutes. Faites chauffer l'huile et faites revenir le poisson légèrement doré des deux côtés. Ajouter l'oignon, le gingembre et l'ail et cuire 2 minutes. Ajouter le reste des ingrédients, porter à ébullition, couvrir et laissez cuire 15 minutes jusqu'à ce que le poisson soit bien cuit, en le retournant une ou deux fois et en remuant de temps en temps.

poisson aigre-doux

pour 4 personnes

1 gros bar ou poisson similaire

1 oeuf battu

50 g de farine de maïs (amidon de maïs)

huile de friture

Pour la sauce:

15 ml/1 cuillère à soupe d'huile d'arachide

1 poivron vert, coupé en lanières

Boîte de 100 g d'ananas au sirop

1 oignon, coupé en dés

100 g/4 oz/¬Ω tasse de cassonade

60 ml/4 cuillères à soupe de bouillon de poulet

60 ml/4 cuillères à soupe de vinaigre de vin

15 ml/1 cuillère à soupe de purée de tomates (pâte)

15 ml/1 cuillère à soupe de farine de maïs (amidon de maïs)

15 ml/1 cuillère à soupe de sauce soja

3 oignons nouveaux (oignons verts), hachés

Nettoyez le poisson et retirez les nageoires et la tête si vous préférez. Passez-le dans l'œuf battu puis dans la semoule de maïs. Faites chauffer l'huile et faites frire le poisson jusqu'à ce qu'il soit cuit. Bien égoutter et réserver au chaud.

Pour faire la sauce, faites chauffer l'huile et faites revenir le poivron, l'ananas égoutté et l'oignon pendant 4 minutes. Ajouter 30 ml/2 cuillères à soupe de sirop d'ananas, le sucre, le bouillon, le vinaigre de vin, la purée de tomates, la semoule de maïs et la sauce soja et porter à ébullition en remuant. Laissez mijoter en remuant jusqu'à ce que la sauce soit claire et épaisse. Verser sur le poisson et servir parsemé d'oignons nouveaux.

Poisson farci au porc

pour 4 personnes

1 grosse carpe ou poisson similaire

Sal

100 g de porc haché (haché)

1 oignon (oignon), haché

4 tranches de racine de gingembre, hachées

15 ml/1 cuillère à soupe de farine de maïs (amidon de maïs)

60 ml/4 cuillères à soupe de sauce soja

15 ml/1 cuillère à soupe de xérès sec ou de vin de riz

5 ml/1 cuillère à café de sucre

75 ml/5 cuillères à soupe d'huile d'arachide

2 gousses d'ail, hachées finement

1 oignon, tranché

300 ml/¬Ω pt/1¬° tasse d'eau

Nettoyez et épluchez le poisson et saupoudrez de sel. Mélangez le porc, les oignons nouveaux, un peu de gingembre, la fécule de maïs, 15 ml/1 cuillère à soupe de sauce soja, le vin ou le xérès et le sucre et utilisez pour farcir le poisson. Faites chauffer l'huile et faites frire le poisson légèrement doré des deux côtés, puis retirez-le de la poêle et égouttez la majeure partie de l'huile.

Ajoutez le reste de l'ail et du gingembre et faites revenir jusqu'à ce qu'ils soient légèrement dorés.

Ajouter le reste de la sauce soja et l'eau, porter à ébullition et laisser mijoter 2 minutes. Remettez le poisson dans la poêle, couvrez et laissez mijoter environ 30 minutes jusqu'à ce que le poisson soit cuit, en le retournant une ou deux fois.

Ragoût de carpe épicé

pour 4 personnes

1 grosse carpe ou poisson similaire
150 ml/¬°pt/¬Ω généreuse tasse d'huile d'arachide
15 ml/1 cuillère à soupe de sucre
2 gousses d'ail, hachées finement
100 g de pousses de bambou, tranchées
150 ml/¬°pt/¬Ω généreux bol de fumet de poisson
15 ml/1 cuillère à soupe de xérès sec ou de vin de riz
15 ml/1 cuillère à soupe de sauce soja
2 oignons nouveaux (oignons verts), hachés
1 tranche de racine de gingembre, hachée
15 ml/1 cuillère à soupe de sel de vinaigre de vin

Nettoyez et écailles le poisson et laissez-le tremper dans l'eau froide pendant plusieurs heures. Nettoyer et sécher, puis couper chaque côté plusieurs fois. Faites chauffer l'huile et faites frire le poisson des deux côtés jusqu'à ce qu'il soit ferme. Retirer de la poêle, verser et réserver tout sauf 2 cuillères à soupe/30 ml d'huile. Ajoutez le sucre dans la casserole et remuez jusqu'à ce qu'il soit foncé. Ajoutez l'ail et les pousses de bambou et remuez bien. Ajoutez le reste des ingrédients, laissez bouillir et remettez le poisson dans la casserole, couvrez et laissez cuire environ 15 minutes, jusqu'à ce que le poisson soit cuit.

Mettez le poisson sur une assiette chaude et égouttez-le avec la sauce.

Veau à la sauce d'huîtres

pour 4 personnes

15 ml/1 cuillère à soupe d'huile d'arachide

2 gousses d'ail, hachées finement

1 lb/450 g de surlonge tranché

100 g de champignons

15 ml/1 cuillère à soupe de xérès sec ou de vin de riz

150 ml/¬°pt/¬Ω généreuse tasse de bouillon de poulet

30 ml/2 cuillères à soupe de sauce aux huîtres

5 ml/1 cuillère à café de cassonade

sel et poivre fraîchement moulu

4 oignons nouveaux, tranchés

15 ml/1 cuillère à soupe de farine de maïs (amidon de maïs)

Faites chauffer l'huile et faites revenir l'ail jusqu'à ce qu'il soit légèrement doré. Ajouter la viande et les champignons et faire revenir jusqu'à ce qu'ils soient légèrement dorés. Ajoutez du vin ou du xérès et faites sauter pendant 2 minutes. Ajouter le bouillon, la sauce d'huîtres et le sucre et assaisonner de sel et de poivre. Porter à ébullition et cuire 4 minutes en remuant de temps en temps. Ajoutez les oignons nouveaux. Mélangez la farine de maïs avec un peu d'eau et mélangez-la dans la casserole. Laissez mijoter en remuant jusqu'à ce que la sauce soit claire et épaisse.

www.ingramcontent.com/pod-product-compliance
Lightning Source LLC
Chambersburg PA
CBHW071332110526
44591CB00010B/1114